格致方法·质性研究方法译丛

质性研究设计

·第二版·

［德］伍威·弗里克 著　　范杰 译　　林小英 校

DESIGNING QUALITATIVE RESEARCH

2ND EDITION

UWE FLICK

格致出版社　上海人民出版社

推荐序：
在真实世界与理念世界之间

　　我们来到这个世上走一遭，看到了这个世界的很多碎片。从研究的角度来理解，这些碎片都是研究的资料，我们要去分析和解释，于是产生了一个又一个的概念，再根据一些逻辑关系，将概念搭建成一个理念层面的世界。由此，真实世界和理念世界有了分隔。我们自己也在普通人的日常生活与研究者的学术研究之间来回穿梭。在研究的状态下生活，在生活的状态下研究，这大概就是质性研究范式所倡导的。从伍威·弗里克(Uwe Flick)主编的"格致方法·质性研究方法译丛"(英文版原名"SAGE 质性研究工具箱丛书")所包含的 10 卷书中，我们首先就能体会到这种研究与生活相互纠缠、相互救赎、相互冲突也相互提升的常态。

　　从真实世界到理念世界，研究者通过"拟态"的本领，将世界的碎片转换成"文本"。从理念世界到真实世界，文本通过影响人们信奉的理论，调校人们的行为，增加了已然存在的世界的复杂性，当然也有可能带来一场革命性的突破。世界并不只是当下这一刻的时空情境，它总有一个漫长的过去，是由很多作为"历史存在"的人和事组成的。任何一秒钟都瞬间即逝，那么我们研究的"事实"到底是什么？时间线索把历史维度牵引了出来。加上历史的维度，我们原来所了解甚至深信不疑、刻板印象当中的访谈、观察、焦点小组等资料搜集技术就都值得商榷。在这个由无数历史碎片所构成的世界里，我们所捕捉的任何资料都是微尘。尽管在今天的学术研究中，采用这些技术去搜集资料已经成为了质性研究范式中"实证"取向的过程样态,研究者为此付出努力就能表明研究工作的效度和可信度。然而,在这些方法和技术之外,我们还能拓展什么?还要不要继续纠结在已经占据20世纪研究方法领域主导地位的概念体系之中,竭力证明质性研究的实证价值?质性研究对人类社会的考察,早已被放置在"社会科学"的理解框架之中,而历史、语言、艺术、哲学、伦理、道德等面向,又该如何对待和处理?

质性研究方法是研究者在真实世界和理念世界之间穿梭的路径之一。当我要去认识这个世界的时候,这个方法让我看到了什么,又让我看不到什么;它帮我解答困惑,可能又给我带来新的困惑。当我在一个完全不懂当地语言的异国中生活时,原来习以为常的人际互动方式几乎变得不可能,我回到了"手舞足蹈"才能比划出自己想要表达的意思的童稚状态,同时又类似一个青壮年文盲。通过语言文字来接收信息和传递信息的方式变得不再有效,生活上的艰难此时刺激出一种方法论的反思:在真实世界的尽头,如何通往理念世界?在理念世界的尽头,又如何接引真实世界?通过强调社会性的"互动"为研究过程而起家的质性研究方法,是不是需要重新定义互动?我做了什么?应该做什么?如何找到自己的位置?用什么工具?沿着什么路径?会遭遇什么困难?能达到什么目标?甚至,在这个过程中如何监控过程和质量?读者朋友可以在这10卷本的丛书中找到诸多细致的提醒和讨论。

质性研究方法在中国学术界已有20余年的引荐和接受历程,但也一直面临一些经典的质疑,如这种方法是否科学,个案是否有代表性,抽样要多少个合适,有没有研究假设,是否要发展理论,与新闻采访有何区别……甚至有些定量研究的拥趸像面对异类的宗教信仰般排斥质性研究,而且拒不做认真而详细的了解。我把这种不相容归结为世界观的不同,即对世界的本体论看法有分歧所致。我们作为研究者,在考察这个世界的时候,不妨反思一下自己的世界观是什么,然后再选择与之恰切的研究方法。希望简单通过了解和运用一种研究范式而改变世界观是很相当难的,这需要很长的过程。研究者在尊重和悦纳自己的关于世界的本体论以及由此而决定的知识论和方法论以后,也需要友好地尊重和悦纳研究世界中的他者。知识的进步从来都充满了争鸣和挑战，但有能力的探索者从来不会因此而封闭自己，望而却步。既然我们都是去摸大象的盲人，那么不如移动一些角度，围绕"大象"多转几圈。通过这套丛书，你会看到多姿多彩的盲人之手，它们能带着你拼出一个心目中较为完整而清晰的大象模样。

期待学界同仁在中国情境中阅读这套基于西方经验世界的质性丛书，在本土脉络中运用质性方法，都将是充满发现和惊奇的智识之旅。

林小英

北京大学教育学院

北京大学教育经济研究所

北京大学教育质性研究中心

2019 年 12 月

主编寄语与丛书介绍

伍威·弗里克

"SAGE 质性研究工具箱丛书"简介

近年来,质性研究经历了前所未有的发展和多样化时期,已经成为诸多学科和脉络下既定的和受尊重的研究取向。越来越多的学生、教师和专业人士正面临着如何进行质性研究的问题,无论是一般意义上的质性研究,还是针对具体的研究目标。回答这些问题,并解决实操层面的问题,正是我们推出"SAGE 质性研究工具箱丛书"(*The SAGE Qualitative Research Kit*)的主要目的。

"SAGE 质性研究工具箱丛书"中的卷册汇集了我们实际开展质性研究时出现的核心问题。每本书都聚焦于用质性术语来研究社会世界的关键方法(例如访谈或焦点小组)或材料(例如视觉资料或话语)。此外,"工具箱"中的各个分册是根据不同类型的读者需求编写而成的。因此,"工具箱"和各个分册将针对如下广泛的用户:

- **从业人员** 社会科学,医学研究,市场研究,评估,组织、商业和管理研究,认知科学等领域的质性研究的从业者,他们都面临运用质性方法进行规划和开展具体研究的问题。
- **大学教师** 在上述领域用到质性方法的大学教师,可以将此系列作为其教学的基础。
- **学生** 对社会科学、护理、教育学、心理学等领域的本科生和研究生来说,质性方法是他们大学训练的一个(主要)部分,其中也包括实践应用(例如撰写论文)。

"SAGE 质性研究工具箱丛书"中的每本书都是由杰出的作者撰写的,他们在其所在领域以及他们所撰写的方法方面拥有丰富的经验。从头到尾阅读整个系列的书籍时,你会反复遇到一些对于任何质性研究来说都是至关重要的问题,例如伦理、研究设计或质量评估。然而,在每本书中,这些问题都是从作者的具体方法论角度和他们所描述的方法取向来表述的。因此,你可能会发现在不同的分册中,关于研究质量或如何分析质性资料的方法和建议都不相同,但这些方法结合在一起,就能全面展示整个领域的情况。

什么是质性研究?

要找到一个大多数研究人员都接受的、共通的"质性研究"(qualitative research)的定义,变得越来越困难。质性研究不再只是简单的"非定量研究",而是发展出了自己的身份认同(甚或是多重身份)。

尽管质性研究方法多种多样,但质性研究的一些共同特征还是可以确定的。质性研究的目的在于探索"在那里"的世界(而不是在实验室等专业研究环境中),并以如下多种不同的方式,"从内部"去理解、描述和解释社会现象:

- 通过分析个人或团体的经验。经验可能与传记生活史或(日常的或专业的)实践相关;这些经验可以通过分析日常知识、讲述和故事来探究。

- 通过分析正在进行之中的互动和沟通。这可以基于对互动与沟通实践的观察、记录和分析而实现。

- 通过分析文档(文本、图像、电影或音乐),或类似的经验或互动痕迹。

这些方法的共同之处在于,都试图去解析人们如何构建周遭的世界、他们正在做什么或遭遇了什么,所有这些对研究对象都是有意义的,其中蕴含了丰富的洞察。互动和文档被视为协作地(或冲突地)构成社会过程和人工制品的方式。所有这些取向都代表了意义表达的方式,可以用不同的质性方法进行重构和分析,从而使研究人员能够提出(或多或少一般化的)模型、类型、理论,来描述和解释社会(或心理)问题。

我们如何做质性研究?

考虑到质性研究存在不同的理论、认识论和方法论,并且所研究的问题也非常多样,我们能确定质性研究的常用方法吗?至少我们可以确定质性研究方法的一些共同特征。

- 质性研究者旨在从自然情境中获取经验、互动和文档,要为这些经验和研究材料的特殊性留出空间。
- 质性研究避免对研究对象给出一个明确定义的概念,也反对从一开始就提出一个假设以供检验。相反,概念(或假设)是在研究过程中逐步得到发展和完善的。
- 质性研究一开始就要求考虑方法和理论是否与研究对象相配。如果现有的方法不适合具体的问题或领域,那么就要调整研究方法,或者开发新的方法和路径。
- 研究者本身是研究过程中的一个重要部分,无论是他们个人作为研究者的在场,还是他们在该领域的经验,以及这些经验(作为研究领域的成员)为他们所扮演的角色赋予的反身性(reflexivity)。
- 质性研究非常严肃地考虑情境和案例,以便理解所研究的问题。很多质性研究都是基于案例研究或一系列的案例研究,而案例

(及其历史和复杂性)往往是理解所研究对象的重要情境。

● 质性研究主要是基于文本和写作——从现场笔记和转录,到详细描述和阐释,再到最后的研究发现与研究整体的呈现。因此,如何将复杂的社会情境(或图像等材料)转化为文本——涉及转录以及一般意义上的写作——是质性研究的主要关注点。

● 正如方法须适用于研究对象,关于质性研究质量的定义和评估方法的讨论,亦必须考虑到质性研究本身与具体方法的特点。

"SAGE 质性研究工具箱丛书"的范围

《质性研究设计》(*Designing Qualitative Research*,Uwe Flick)从如何规划和设计一项具体的研究的角度,对质性研究进行了简要的介绍。它旨在为"SAGE 质性研究工具箱丛书"中的其他分册提出一个框架,重点关注实操问题以及在研究过程中如何解决这些问题。该书讨论了在质性研究中构建研究设计的问题;概述了研究项目工作的绊脚石,并讨论了一些实际问题,如质性研究中的资源;还讨论了更偏方法论层面的问题,如质性研究的质量和伦理问题。该框架在"工具箱"的其他分册中有更具体的介绍。

丛书中有三本聚焦于质性研究的资料收集和资料生成。这三本书是对《质性研究设计》中简要概述的相关问题的具体展开,针对具体方法给出了更加详细、更加聚焦的讨论。首先,《访谈》(*Doing Interviews*,Svend Brinkmann 和 Steinar Kvale)阐述了,在对人们就特定问题或其生活史进行访谈时,所涉及的理论的、认识论的、伦理的和实践的问题。《人群志》(*Doing Ethnography*,Amanda Coffey)关注收集和生成质性资料的第二种主要方法。这里再次将实用问题(如选择场地、收集人群志资料的方法、分析资料时的特殊问题),置于更普遍议题的语境中(人群志作为一种方法所涉及的伦理、表征、质量和充分性)加以讨论。在《焦点小组》(*Doing Focus Groups*，Rosaline Barbour)一书中，介绍了第三种最重要的生成资料的质性方法。在此，我们的主要关注点放在抽样、设计和分析资料的具体方法，以及如何在焦点小组中生成资料。

丛书中另有三本专门分析特定类型的质性资料。《质性研究中的视觉资料》(*Using Visual Data in Qualitative Research*，Marcus Banks)一书将焦点扩展到第三种质性资料(除了观察资料及来自访谈和焦点小组的口头资料外)。视觉资料的使用不仅成为了一般社会研究的一大趋势，而且使研究者在使用和分析它们时产生了新的实际问题，还产生了新的伦理问题。《质性资料分析》(*Analyzing Qualitative Data*，Graham R. Gibbs)一书提出了几种实际的方法，以及在理解任何类型的质性资料时都会遇到的问题，特别关注了编码、比较和质性资料机辅分析的实践。在这里，重点是口头资料，如访谈、焦点小组或传记。《会话、话语与文档分析》(*Doing Conversation*，*Discourse and Document Analysis*，Tim Rapley)将关注点扩展到与话语分析相关的不同类型的资料上。这本书关注的是已有的材料(如文件)、日常会话的记录，以及话语痕迹的发现，还讨论了生成档案、转录视频材料，以及利用这几类资料来分析话语时的实际问题。

丛书中的最后三本超越了特定形式的资料或单一的方法，采取的是更为广泛的取向。《扎根理论》(*Doing Grounded Theory*，Uwe Flick)专注于质性研究中的整体性研究计划。《三角互证与混合方法》(*Doing Triangulation and Mixed Methods*，Uwe Flick)阐述的是，在质性研究或定量方法中，几种方法的组合运用。《质性研究质量管理》(*Managing Quality in Qualitative Research*，Uwe Flick)一般性地讨论了质性研究中的质量问题，这个问题已经在丛书其他分册所探讨的具体情境中做了简要介绍。这本书介绍了在质性研究中，如何使用或重新制定现有的质量标准，或定义新的质量标准。该书考察了当前在质性方法论中关于"质量"和效度定义的争论，并检视了许多促进和管理质性研究质量的策略。

在我接下来继续概述读者手上这本书的重点及其在丛书中的角色之前,我要感谢 SAGE 出版社的一些人,他们对于这套书的推出至关重要。一开始是 Michael Carmichael 向我提出了这套书的构想,在项目启动时他的建议也非常有帮助。之后 Patrick Brindle、Katie Metzler 和 Mila Steele 接手了这个项目,并继续提供支持。这套书能从手稿变成书,Victoria Nicholas 和 John Nightingale 两位的支持功不可没。

关于本书及其第二版

伍威·弗里克

在质性研究中,研究设计的问题不像在量化方法中那样突出。然而,质性研究也应该做好计划,并且需要在研究过程中做出若干决定:形成研究问题、决定抽样、思考结论如何推广以及针对哪个研究目标等。这些是影响质性研究设计的问题和决定。但是,它们可能会以不同的形式出现,具体取决于所详细规划的研究类型。访谈抽样不同于在焦点小组研究中建立一个小组。在人群志研究中选择地点和人物不同于从照片或文件档案中取样。巴伯(Barbour, 2018)和科菲(Coffey, 2018)将在他们的书中讨论这些问题,并从具体的视角对单一方法进行考察。

与"SAGE质性研究工具箱丛书"中的其他书相比,这本书的关注点更广泛。因此,这里将从不同角度讨论设计问题,并将在丛书中的其他书中再次更详细地讨论它们。与其他书中更具体的观点相比,本书提供了关于质性研究设计更多比较性的观点。例如,它将解决不同层面(人员、地点、文件或内部材料、访谈等)的抽样问题。它还将关注如何从更一般的研究兴趣和个人或政治背景中发展研究问题。它还将涵盖进行质性研究工作时的所需资源以及可能遇到的障碍。在处理这些问题时,本书将研究设计作为向读者介绍质性研究的具体方法。从这个意义上说,这本书在"SAGE质性研究工具箱丛书"的背景下有两个功能:作为一本独立的书,它旨在全面介绍质性研究设计领域的问题和解决方案;作为丛书中其他书的补充,它在实践和方法论层面完善了其他书的框架。《质性研究设计》第二版进行了全面更新和扩展，以便于与"SAGE质性研究工具箱丛书"中的其他新版内容相联系。

目 录

1 什么是质性研究？

主要内容

定义质性研究

质性研究的拓展

作为指导原则的适用性

作为学术规范和应用背景的质性研究

作为伦理话语的质性研究

质性与量化：替代方案、同一事物的两个方面，还是互补方案？

研究视角

质性研究的理论和认识论

质性研究：方法与态度

本书结构以及"SAGE质性研究工具箱丛书"

学习目标

读完本章后，您应该能够：

● 了解质性研究的共同特征及其拓展；

● 了解研究视角和质性研究理论的作用；

● 理解质性研究在方法和态度之间的张力。

定义质性研究

质性研究在很长一段时间中都被描述成量化研究的替代方案，是在对于后者批判的背景下提出的，特别是在 20 世纪 60 年代和 70 年代质性研究发展的过程中。然而，质性研究在很多学科当中都有着悠久的历史，一般社会研究都是从现在的质性研究所涵盖的方法开始的。随着发展的深入，对于这个术语的描述更加清晰。对于质性研究的描述不再从否定的方面去定义——质性研究是非量化的或非标准化的等诸如此类——而是根据一些特征去定义。因此，质性研究使用文本（而不是数据）作为实证材料，从所研究的现实社会建构这一理念出发，并且对于参与者观点以及日常实践和知识当中与研究问题有关的内容感兴趣。研究方法应当与研究问题相适应，并且对于了解一种过程或关系保持足够开放的态度（详见 Flick，2014a）。这是否意味着我们对于什么是质性研究达成了共识？邓津（Denzin）和林肯（Lincoln）在手册中提供了一个"最初的、普遍的"定义：

> 质性研究是一项将观察者置身于世界的情境活动，它是由一系列能够使世界可见的解释性、物质性实践组成的，这些实践改变着世界。质性研究将世界转变为一系列陈述，包括实地笔记、访谈、对话、照片、录音和备忘录。在这个层面上，质性研究涵盖了对于世界解释性的**自然主义方法**（naturalistic approach）。这意味着质性研究者在自然情境中研究事物，试图按照人们所赋予的意义来解释现象。（2011a，p.3）

这似乎是有关什么是质性研究的一个很好的定义。然而，如果你把**会话分析**（conversation analysis）作为例子（参见 Rapley，2018；ten Have，1999），你会发现研究人员是对于讨论的正式组织形式感兴趣，而不是对于人们赋予现象的意义感兴趣。然而，会话分析是质性研究的突出例子。大量质性研究是从关于世界的自然主义方法开始的，并且很多质性研究有着对于世界的解释性方法。但是在很多情况下，自然主义方法和解释性方法在**认识论**（epistemology）和方法论层面上都被认为是不同的，这使得在一个方法当中简单地将"解释性自然主义"结合起来变得很困难。这些评论并不意味着对于邓津和林肯定义的批判；更确切地说，是表明了将这个定义推广为通用定义的困难所在。

质性研究的拓展

质性研究已经发展了很长一段时间。"质性研究"这一标签被用来作为社会科学领域一系列研究方法的总称。这些研究方法也被称为诠释、重建或解释的方法（参见 Flick，2014a，2014c；Flick et al.，2004a）。有时，我们会用"研究"代替"调查"（inquiry），或者更加倾向于用"人群志"（ethnography）来代替"调查"和"研究"。然而，质性研究中的方法及研究结果在社会学、教育学、心理学、健康科学等领域受到越来越多的重视。在这些领域（如心理学）当中，专门的质性研究手册相继出版，与此同时，当前出版的手册当中，几乎没有手册不包含质性研究方法章节的（如康复、护理科学或公共卫生领域）。我们不需要过多地了解历史的细节，便可以看到质性研究发展的成功。质性研究专业期刊不断增长，刊登质性研究的期刊也越来越多，这些现象都反映出质性研究的成功发展。与质性研究有关的教科书、手册、专著和书籍的数量不断增加，在很多领域中，质性研究所占比例迅速增长。此外，与质性研究相关的课程数量也在不断增长。越来越多的青年研究者采用质性研究方法或混合研究方法完成他们的硕士或博士论文。质性研究的发展在不同的学科和国家中的表现可能有所不同，但是它们都展现出了该方法建立的总体趋势，这一方法在越来越多的情境中得到重视。

与此同时，我们并没有发现质性研究的建立带来了质性研究定义的**范式核心**（paradigmatic core）的发展。尽管我们可以确定一些总体原则（见上文），但依旧面对着质性研究在至少五个方面的持续发展。

第一，质性研究中有不同类型的**研究方案**（research programmes），这些研究方案有着不同的研究问题、研究方法和理论背景。如**扎根理论**（grounded theory）和**话语分析**（discourse analysis）拥有不同的研究兴趣和方法原则，但都是典型的质性研究方法。

第二，美国、英国或德国学者对于什么是质性研究有着不同理解（有关不同国家的质性研究的比较性观点,请参见 Knoblauch et al.,2005),如邓津和林肯的定义和手册基本上代表美国对于质性研究的理解。当然第一点也与每个国家的传统有关。

第三,不同学科对于质性研究有不同论述,心理学和社会学的质性研究都有其独特的兴趣和问题,但是这两个学科并不相同。

第四,有关健康科学、管理和**评估**等专门领域的质性研究不断丰富,这些领域有其独特的需求和限制,这些需求和限制不同于大学研究中的硕士论文、博士论文或"基础"研究。

第五,质性网络研究发展迅猛,已建立的方法被转化和应用(如网络访谈),新发展的方法,如数字人群志被用于分析互联网相关的问题和现象。

希望通过长期研究和方法论探讨发展出**质性研究标准**的人,可能会对质性研究的拓展感到困惑和失望。质性研究拓展可能会导致质性研究在被接纳的过程中产生问题,并且在分配研究资助时削弱质性研究相对于量化研究的竞争地位。然而,基于质性研究的主要特征或指导原则——质性研究类型的多样性,这种拓展也可以被视为质性研究的特点。

作为指导原则的适用性

质性研究的发展在五个方面与原则的**适用性**有关。最初在很多学科的质性研究中,研究问题远远多于可以使用的研究方法。我们可以回顾一下早期的质性研究方法是如何从特定的知识趣味和研究对象的特点发展而来的。维迪奇和莱曼(Vidich and Lyman,2000)展现了早期人群志方法是如何通过研究者对于其他民族的兴趣而被了解的,这在当时意味着研究者对于东方文化和西方文化差异的理解。人群志方法后来发展为从比较和发展的视角描绘不同文化版本的比较方法,后来在**芝加哥学派**(Chicago School)的研究中将其应用于理解和描绘个人文化中的特定部分。另一个例子是皮亚杰根据自身研究兴趣所做的关于儿童在不同成长阶段思维和发展的研究。在这个发展阶段中,对于质性研究方法适用性的需求源于研究问题的特点和缺乏能够应用于类似研究的成熟方法(另见 Flick,2014a,Chapter 2)。

20 世纪六七十年代质性研究复兴中包含第二个与适用性相关的原则。我们从中发现了不同的情况,方法已经被开发、建立和完善。学科将自身发展和建立与具体的方法联系起来,如心理学实验和社会学调查。帕森斯和希尔斯(Parsons and Shils,1951)发展的"宏大理论"补充了社会学调查,它被用于说明社会是如何在广义和狭义的层面发挥作用的。与此同时,理论和方法面临着大量与实践密切相关、更加难以理解的微观问题。随着上述内容的发展,我们缺乏描绘和解释相关现象的理论和方法,这导致了质性研究被重新发现。缺乏足够的、适当的方法使得扎根理论发展出新的方法和研究方案,如欧文·戈夫曼(Erving Goffman,1959)和霍华德·贝克尔(Howard Becker)、安塞尔姆·斯特劳斯(Anselm Strauss)及巴尼·格拉泽(Barney Glaser)等人的研究(Becker at al.,1961)。他们对于运用实证研究方法发展与实践现象相关的理论感兴趣,这一点无法借助调查或宏观理论实现。在这个阶段,由于已有方法论与适用于这些方法论的议题之间存在鸿沟,适用性原则开始与质性研究相关。适用性原则导致了一系列有关研究方案和质性研究拓展方法论话语的发展,有时也会导致已有方法的重新发现或进一步发展。在这个阶段,我们可以再次回顾质性研究方法(方案)的方法论特征以分析研究问题的特征。

在第三种意义上,适用性原则在当前的情况下变得相关。现在,我们可以注意到质性研究在各种研究领域的进一步扩散。如果我们关注组织研究或管理研究,尤其是健康研究或护理研究等领域,我们会发现所要研究的领域或问题的具体特征。这些特征导致了与一般质性研究不同的方法论话语的发展。例如,管理研究所面对的就是非常具体的组织结构。护理研究通常面对特殊状况的人群,患者及其亲属经常面对疾病或死亡的威胁,这就要求研究人员掌握特殊的方法,拥有敏感性和伦理关怀。例如,在质性评估领域,限制通常来自有待评估的实践惯例以及研究专员的期望(在相对较短的时间内获得与实际相关的结果)。这些限制导致了不同于质性研究论文或基础研究资助的需求。由于以上情况(从管理到评估)均需要质性研究,具体的方法论话语得以发展。这在已被使用的研究方法中,在各领域质性研究方法质量的讨论中,在各领域展示和使用质性研究结果的方式中都变得非常明显。在第三种意义上,质性研究的扩散和方法论改进再次创造了一种新的需求,即更加认真地将适用性作为一种原则,并进一步催生了各领域内外不断增加的独特性。

在第四种意义上,关于质性研究全球化和挑战的讨论(参见 Flick,2014b)使得已有的方法和研究案例(参见 Hsiung,2012)变得更加有影响力。例如,关于质性研究适用性的新维度:当有口译员参与的时候,访谈会发生怎样的变化(参见 Littig 和 Pöchhacker,2014)?扎根理论的接受程度和期望在不同文化环境中会有怎样的差异(Charmaz,2014)?理论和实践是如何转化的,或者说应当如何调整?

在第五种意义上,质性研究数字化为虚拟环境中的访谈、人群志和档案分析带来了新的挑战(参见 Markham,2018a,2018b)。在这样的情形下,什么是适合的方法?在方法调整的过程中适用性又意味着什么?

作为学术规范和应用背景的质性研究

从更一般的角度看,质性研究经历了一个学科建设的过程。学者经过一段时间的深入研究,出版了越来越多的参考书。这些都是通用的质性研究书籍(如 Flick,2014a;或 Silveman,2015)或特定学科的参考书(如心理学方面,Smith,2016;或 Bannister et al.,1994;社会学方面,Denzin,1989 等)。此外,我们可以找到一些更具有普遍性(Denzin and Lincoln,1994,2005,2011b;Flick,2014c,2018d;Flick et al.,2004a;Seale et al.,2004)或者更具有专业性(如心理学方面,Willig and Stainton-Rogers，2017)的质性研究手册。我们还发现了一些广义和特定领域质性研究的期刊。这有助于制定质性研究标准，或多或少可以提供如何判断质性研究质量的答案(更多细节参见 Flick，2018a)。这些发展总体上有助于质性研究在学术领域的巩固，同时也可以为教学、培训、资格考试和写作提供方向。

同时，质性研究不仅限于为科学目的生成知识或见解。通常，质性研究的目的是改善正在研究的问题或者有关实践的知识——这意味着质性研究与解决实际问题有关。**参与式研究**(participatory research)或**行动研究**(action research)方法涉及规划中的人或机构，有时是研究过程中的利益相关者(不仅仅是科学话语)。在这种情况下，可能会出现科学方法和实际需求之间的矛盾。例如，质性评估中出现了另一个问题。评估就是通过研究产生判断(判断特定程序是否有效)，这意味着研究人员必须在特定的时刻放弃他们的中立性。与此同时，质性评估的期望有时与时间尺度密切相关；结果不仅需要聚焦(例如，在判断和评估方面)，而且与博士论文用时相比必须在更有限的时间内获得。实践惯例和机构设置要求方法方面常规和标准的调整。在这种情况下，实用性的方法及方法论标准与长官意志，以及参与者利益的权衡是必要的。在方法论的意义上，**捷径型策略**(short strategies)是必要的，这使得方法论逻辑能够适宜应用领域的条件(Flick，2004a；Lüders，2004a)。如上所述，这些研究目的和条件可能会导致特定的方法论问题和话语，这再次强化了质性研究的增长和分化。

作为伦理话语的质性研究

在上面引用的定义当中，邓津和林肯强调，是研究者的实践改变了世界(2011a，p.3)。同样，这样的说法具有两方面的含义。首先，质性研究者并不是研究领域中无形的中立者，在他们观察(参与型观察)或者让受访者回顾他们生活和历史的时候(传记访谈)，研究者参与其中，这可能会使得受访者产生关于自身处境和周围世界的新看法。其次，质性研究(一般或总是)应该改变世界。特别是当我们看到邓津和林肯的《质性研究手册》(*Handbook of Qualitative Research*，2011b)时，我们发现很多章节阐释了编辑在前言(2011c，p. xii)中所提到的："质性研究不仅是一个调查项目，而且是一种伦理、寓言和治疗项目。"在这本书中，质性研究再次而且不断在探寻霍华德·贝克尔(Becker，1967)曾经提出的问题("我们属于哪一方?")，其中伦理委员会始终站在弱势群体、少数群体以及殖民受害者一方。根据这个理解，质性研究显然是政治性的，并且打算用实践改变世界(再次从引用中获取定义)。然而，这是定义和解读质性研究的一种视角。除了将质性研究理解为道德话语之外，还有一种更加实用的质性研究方法——将其视为社会研究认识世界和产生知识过程中工具与潜能的延伸。同样，这表明质性研究在基本态度方面的拓展以及对于什么是研究、调查、质性研究、人群志等方面的理解应该更具有一般性。

质性与量化：替代方案、同一事物的两个方面，还是互补方案?

关于质性研究和量化研究之间的关系，我们再次发现了不同的立场。首先，两种方法之间是互斥的关系。例如，在邓津和林肯《质性研究手册》第一版中，没有讨论质性研究和量化研究任何形式的结合。如果量化研究被提及，它根本上也与质性研究不同，主要是用来说明质性研究的作用。仍旧有一部分量化研究学者忽视或者排斥质性方法、质性研究或者质性研究结果的存在。区分和彼此排斥仍然是两个"阵营"相互对峙的首要方式。

然而在很多领域中，例如评估研究，研究实践的特点是或多或少地使用了实用主义的折中主义，即根据**研究问题**(research question)的需要使用质性研究方法和量化研究方法。在实用主义的背景下，关于如何结合质性研究和量化研究的方法论回应依旧非常有限。可以从不同层面上看待质性研究和量化研究的结合(参见 Flick，2018b)：

● 认识论和方法论(包括两种方法的认识论和方法论的不兼容性)；
● **研究设计**(research designs)，整合质性和量化数据或方法；
● 质性和量化结合的研究方法；
● 将质性和量化结果联系起来；
● **推广**(generalization)；
● 用量化研究检验质性研究结果，反之亦然。

以下是关于如何结合质性研究和量化研究的一些建议，哈默斯利(Hammersley，1996，pp.167—168)区分了三种质性研究与量化研究结合的形式：

● 两种方法的三角互证，他所强调的是两种方法的相互验证，而不是两种知识倾向的相互拓展；
● 强调了对另一种方法的支持功能——每种方法都提供了对单一方法进行分析的假设和启示；
● 两种方法可以结合起来作为补充研究策略。

布里曼(Bryman，1992)概述了 11 种质性和量化研究相结合的方法：(1)三角互证的逻辑在于检查，例如，将质性结果和量化结果进行比较；(2)质性研究可以支持量化研究；(3)反之亦然；(4)两者结合在一起可以为研究问题提供更为一般性的描述；(5)用量化方法分析结构特征，用质性方法分析过程部分；(6)研究者的观点推动量化研究，而质性研究强调研究对象的观点；(7)质性研究加入量化发现后可以解决一般性问题；(8)质性研究可能有助于解释量化数据集中变量之间的关系；(9)通过结合质性研究和量化研究，可以澄清实践领域中微观层面和宏观层面之间的关系；(10)质性研究和量化研究适用于研究过程的不同阶段；(11)可以采用混合的形式，例如，在准实验设计中使用质性研究(参见 Bryman，1992，pp.59—61)。

在上述概述中，我们发现了各种各样的替代品。(5)(6)(7)强调质性研究可以揭示与量化研究相比不同的方面。理论和认识论(或伦理)差异在布里曼的方法中几乎不起作用，后者更侧重于研究的实用性。综合两种方法、混合研究方法（Tashakkori and Teddlie，2003a，2010）、质性研究和量化研究的多元结合（Flick，2018b；Kelle and Erzberger，2004）被更加广泛地讨论。在这样的结合过程中，专业术语展现出了不同的意图和目标。为了结束早期的范式之争，**混合研究方法**主要着眼于质性研究和量化研究的实用联系。这种方法被称为"第三次方法论运动"（Tashakkori and Teddlie，2003b，p.ix）。量化研究和方法被视为第一次方法论运动，质性研究方法被视为第二次方法论运动。进行方法论讨论的目的是弄清楚"术语"，即混合研究方法的设计、应用以及在此情况下的推论问题。从方法论的角度看，混合研究方法的目标是范式基础。然而，在这种情况下使用范式的概念表明，作者是从两种可以区分、结合或排斥的封闭方法开始的，而不是反映将它们结合起来的具体方法论问题。

混合研究方法的研究主张概述如下："我们假设存在一种真正的混合研究方法，(1)在研究的各个阶段纳入多种方法（例如问题识别、数据收集、数据分析和最后的推论），(2)使用另一种方法进行数据和分析的转化"（Tashakkorri and Teddlie，2003b，p.xi）。整合质性和量化研究设计和研究结果使得质性研究与量化研究的融合更加深入（Kelle and Erzberger，2004）。另一方面，考虑到不同的理论背景和**背景理论**（background theories），目前多元结合旨在结合质性和量化研究设计、研究方法和研究结果方面的优势（参见 Flick，2014a）。

我们在这里讨论质性研究和量化研究的联系问题，并不是打算将其视为社会研究的未来发展方向或放弃质性研究原则和独特性的建议，而是有以下三个理由：

● 首先，确实存在要求将质性研究和量化研究结合起来的研究问题；

● 其次，实用混合方法的结合正是当前的趋势。这不仅是因为它们能简化拓展领域——社会研究的多样性，它们似乎也是结束方法论讨论的一种方式，其中量化研究的适当性受到了质疑；

● 最后，如果出于上述两个原因之一，质性研究和量化研究相结合是必要的，我们应该尝试在理论、方法、研究实践以及研究结果解释方面更加明确地阐明它们(参见 Flick，2018b)。

研究视角

从更加全面的角度看,我们可以确定社会研究中的几种**研究视角**
(research perspectives),其中一些纯粹是以量化为导向的(这基本上意
味着没有涉及质性研究的组成部分)。在这里,我们可以区分几种方
法:调查、流行病学研究、标准化和实验研究,仅列举几例。一些观点基
于量化研究和质性研究的结合。尽管应该已经很清晰了,但是我们依
旧可以看到不同的版本。最后,我们会发现一些研究观点本质上主要
或完全是质性的观点。回归质性研究,我们至少可以看到三种观点,概
况可见表 1.1。

表 1.1　质性研究视角

	获取主要 观点的途径	对社会现状 产生的描述	对深层结构的 阐释学分析
理论定位	符号互动主义 现象学	常人方法学 建构主义	精神分析 生成性结构主义
资料收集方法	半结构型访谈 叙事访谈	焦点小组访谈 人群志 参与型观察 互动记录 文档收集	互动记录 照片 电影
阐释方法	理论编码 内容分析 叙事分析 诠释学方法	会话分析 话语分析 文本分析	客观阐释学 深度阐释学

第一个视角的理论参照点是基于**符号互动主义**(symbolic inter-
actionism)和**现象学**(phenomenology)的传统。第二条主要的线索在
理论上主要锚定在**常人方法学**(ethnomethodology)和**建构主义**(con-

structionism）中，并且对日常生活的惯例和社会现实的形成感兴趣。结构主义或精神分析流派假定了无意识的心理结构和机制以及潜在社会配置，这是第三点参考。这三个主要观点在研究目标和研究方法方面非常不同。第一类——像吕德斯（Lüders）和赖歇茨（Reichertz）这样的作者强调"被研究者的观点"，第二类主要着眼于描述已有的情况（日常生活、制度化或者更加普遍化或者社会化的情况）、环境和社会秩序的产生过程。第三种方法的特点是（主要是诠释学）在精神分析或客观诠释概念的意义方面重建"产生行动和意义的深层结构"（参见Flick，2014a）。

质性研究收集和分析资料最重要的方法属于以下研究视角。第一个视角中，半结构型或**叙事访谈**（narrative interviews）以及**编码**（coding）和内容分析占据主导地位。第二个视角中，资料收集主要是通过**焦点小组访谈**（focus groups）、人群志或（参与型）观察等视频、音频资料获得。这些资料将会通过话语分析或会话分析进行处理。第三个视角中，资料收集主要通过记录互动过程或使用可视化材料（照片或电影）。这些资料随后会经历不同形式的诠释学分析（Hitzler and Eberle，2004）。

质性研究的理论和认识论

如上所述，质性研究不是基于单一的理论框架，而是基于多个理论背景。但是，在质性研究认识论讨论中，**实证主义**（positivism）和建构主义之间的区分广泛存在。根据奥克利（Oakley，1999）的说法，这种区别通常与质性研究中女权主义的背景相关。作为认识论的实证主义最初来自自然科学，因此通常被研究者用于区分自己的研究。但是在社会科学讨论中很少阐明实证主义真正意味着什么。

布里曼（Bryman，2004，p.11）总结了实证主义的几种假设。只有关于能够被感官证实现象的知识才是真正的知识（现象主义）。理论被用于创造能够被检验的假设或是解释需要被评估的定理(演绎主义)。知识可以通过收集能够提供定理基础的事实产生(归纳主义)。科学必须并且能够以价值中立且客观的方式存在。最后,可以看出科学和规范性陈述之间明显的区别。实证主义通常与现实主义联系在一起。两者都假设自然科学和社会科学应该而且可以应用相同的原则收集并分析数据,并且有一个独立于人类意志的客观世界(外部现实)存在。然而,在有关质性研究的争论中使用"实证主义"常常受到批评。哈默斯利(Hammersley,1995,p.2)指出:"所有人都可以通过社会科学文献中'实证主义'一词的复杂用法,合理推断出作者并不完全认同'实证主义'一词指代的真正含义。"

在这种情况下,社会建构主义(或建构主义)是与实证主义并列的(参见 Flick,2004b)。这些标签下囊括了一系列不同的方案。建构主义方法的共同特点是在接触现实的建构性过程中检验与事实的关系。可以在不同的层面内找到建构主义的例子:

● 在皮亚杰的传统中,认知、对于世界的感知以及关于世界的知识都是建构的。激进的建构主义(von Glasersfeld,1995)将其融入每一种认知形式,与世界和现实的图像直接相关,但是与世界或现实并不直接相关;

● 在舒茨(Schütz,1962)、伯格和卢克曼(Berger and Luckmann,1966)以及格根(Gergen,1999)的研究传统中,社会建构主义探讨社会惯习、感知和生活常识;

● 科学建构主义社会学,即"实验室建构主义"(laboratory-constructionist)研究(Knorr Cetina,1981)旨在探讨社会、历史、地方和实用等方面的因素是如何以这样的方式影响科学发现的,在这种方式中,科学事实被视为社会建构的("本地产品")。

建构主义不是统一的系统,而是一些并行发展的学科:心理学、社会学、哲学、神经生物学、精神病学和信息科学。质性研究通过社会现实获取信息,我们所研究的社会现实是行动者、互动和组织的社会化产物。

尽管建构主义和质性研究其他理论背景都不是研究世界的统一方

法,但是它们提供了观察并理解世界的不同视角,我们会注意到各种质性研究方案共同的基本理论假设(参见 Flick et al.,2004b,p.7)。这些假设表明个人、组织和互动都参与了他们生活或存在的事实建构,这些参与建立在阐释意义的基础之上。"客观"生活环境(例如疾病)与人们所生活的世界变得相关,至少在很大程度上通过主观意义与它们产生联系。如果我们想要理解意义产生的过程,我们在研究的过程中就需要从重构个人、组织和沟通如何建构世界以及社会现实开始。这些假设是我们使用包括访谈法(参见 Brinkmann and Kvale,2018;Gibbs,2018)在内的质性研究方法,理解个人是如何进行意义创造的,进而从研究对象的角度理解问题,以及使用焦点小组访谈(Barbour,2018)、人群志(参见 Coffey,2018)、会话分析(Rapley,2018)或者视觉化方法(Banks,2018)来展示意义是如何在互动过程、对象和代表物之间建立起来的。

质性研究:方法与态度

显而易见,质性研究现在可以采用一系列不同的方法。甚至可能会出现可以用于解决研究问题的一系列令人疑惑的替代方法。尽管有很多质性研究的教科书、专著、期刊文章和书籍章节可供阅读,但是澄清和发展方法论的需求依旧存在,这种需求将被这个作为总体的"工具箱"和其中的书所满足。

● 根据上文所述的适用性原则,继续发展质性研究的新方法是非常有必要的。尽管上文提到了很多种访谈方法(参见 Brinkmann and Kvale,2018),但是为新的研究问题和参与者开发新的访谈方法是非常有必要的,尤其是当已有的研究方法不适用的时候。

● 我们需要进一步了解已经存在的方法——如何使用这些方法以及这些方法在使用过程中的主要问题是什么。我们需要对现有方法的应用、改进空间和局限性有更多方法论和实践方面的反思。

● 我们需要进一步明确何时使用特定的研究方法（而不是其他的研究方法）。为什么研究者会使用某一种研究方法？是什么影响了他们的选择以及（方法论）惯习在质性研究中扮演怎样的角色？

● 相较于基于评估的研究而言，质性研究不是方法论程序的固定套路。在我们的领域当中，在该领域、在与该领域成员的接触中存在直觉，而在使一种更为具体的方法可行，发挥更加重要的作用方面，直觉则更为重要。因此，我们需要更加了解直觉在研究工作中是如何发挥作用的，更通俗地说就是，研究实践和惯例是如何在质性研究中发挥作用的。

● 此外，我们还需要进一步考虑不同方法和步骤在研究过程中是如何相互配合的——例如在数据收集和阐释的过程中。

● 方法需要适应新的发展形势，例如质性研究的全球化和数字化，此外，研究态度也要充分体现这些发展。

● 最后，我们需要进一步探究质性研究者是如何判断质性研究质量的——在研究者本人和阅读研究结果的人眼中，什么才是好的质性研究。

所以，还是需要详细阐述特定质性研究方法的使用范围和研究局限，以及它们在日常的质性研究中是如何被使用的。

然而，质性研究有很多种解决研究问题的方法。质性研究依然建立在某种特定的态度基础上——对于研究对象的开放性、进入研究现场的灵活性、理解某一专题或领域的结构而不是将结构强加于研究对象等。在发展、教授和应用质性研究的过程中，我们需要保持质性研究技术技巧和合宜态度之间的平衡。

本书结构以及"SAGE 质性研究工具箱丛书"

本书结构

在本章当中，我们回顾了一些有关质性研究的介绍性评论，并从质性研究设计的角度,对这些评论和研究过程进行了简要概述。下一章主要是关于如何从普通的观点和兴趣当中提炼研究问题。第 3 章将更加详细地叙述质性研究设计这一概念,侧重于质性研究设计的影响和组成部分,并讨论基本设计和实例。第 4 章将介绍质性研究的基本抽样策略以及如何进入研究现场。第 5 章将告知读者质性研究必要的资源以及在研究现场可能遇到的障碍。在第 6 章中,我们将讨论如何从研究设计的角度评价质性研究的质量,并在第 7 章中继续讨论研究伦理问题。接下来的第 8—11 章将简要介绍质性研究中最重要的研究方法。第 8 章将介绍如何通过访谈和焦点小组访谈获取口述资料,第 9 章是关于人群志和视觉方法,第 10 章将介绍质性研究的基本分析策略。第 11 章使视角超越单一的资料或方法,主要介绍扎根理论和三角互证以及混合研究方法。上述四章的重点再次聚焦在研究设计方面。最后一章(第 12 章)将得出一些结论,并从两个视角讨论研究设计与开题写作之间的关系。

"SAGE 质性研究工具箱丛书"中的书籍

虽然本书概述了质性研究的框架,并从特定的角度(质性研究设计)介绍了相关的方法,但是"SAGE 质性研究工具箱丛书"中的其他书籍在方法论介绍方面更加详细。布林克曼和柯费尔(Brinkmann and Kvale,2018)介绍了如何使用访谈技术。巴伯(Barbour,2018)介绍了如何使用焦点小组访谈。科菲(Coffey,2018)讨论了人群志和参与式观察,班克斯(Banks,2018)回顾了质性研究中的视觉资料的使用(照片、电影、视频)。吉布斯(Gibbs,2018)介绍了对质性资料进行归类和编码的方法,并且特别注意到这种情况下计算机和软件的使用。拉普利(Rapley,2018)介绍了会话分析、话语分析和档案分析的方法。弗里克(Flick,2018c)详细介绍了扎根理论,他的另一部专著(Flick,2018b)讨论了质性研究的三角互证和混合研究方法。最后一本书(Flick,2018a)对质性研究的质量问题进行了详细的讨论。

本章要点

- 质性研究正在向不同研究视角和不同研究领域扩展；
- 然而，在这种变化当中存在着共同的特征和问题；
- 在混合的过程中，适用性可以作为指导原则；
- 质性研究涉及使用方法和视角采用两个方面。

拓展阅读

"质性研究工具箱丛书"中的这些书籍对介绍中简要提出的问题进行了进一步的论述，除此之外，来自不同领域、不同角度的六本书籍可供进一步阅读：

Denzin，N. and Lincoln，Y. S.（eds.）（2018）*The SAGE Handbook of Qualitative Research*，5th ed. London：Sage.

Flick，U.（2014）*An Introduction to Qualitative Research*，5th ed. London：Sage.

Flick，U.（ed.）（2014）*The SAGE Handbook of Qualitative Data Analysis*. London：Sage.

Flick，U.（ed.）（2018）*The SAGE Handbook of Qualitative Data Collection*. London：Sage.

Flick，U.，von Kardorff，E and Steinke，I.（eds.）（2004）*A Companion to Qualitative Research*. London：Sage.

Seale，C.，Gobo，G.，Gubrium，J. and Silverman，D.（eds.）（2004）*Qualitative Research Practice*. London：Sage.

2 从想法到研究问题

主要内容

研究兴趣和研究想法:例子

选取研究视角

在质性研究中使用理论

提出研究问题

结论

学习目标

读完本章后,您应该能够:

● 通过案例了解个人或科学的兴趣或经历是如何发展成为研究兴趣的;

● 了解如何从研究兴趣发展为研究问题;

● 理解质性研究中观点和理论的相关性。

在本章,我们将把重点从质性研究更为一般性的角度方面转移至介绍如何为实地研究设定研究计划并做好研究准备。为此,我们将从我个人研究中使用过的实例来探讨研究计划的一般性问题。总的来说,这些研究专注于专业人士的健康与衰老问题(Flick et al.,2002,2003)。

研究兴趣和研究想法：例子

在质性研究发展历史中,我们找到了一些例子来说明研究想法是如何出现并发展成为研究问题的。例如,格拉泽和斯特劳斯(Glaser and Strauss,1965)在他们的母亲去世后提出了"死亡意识"的研究想法。他们(pp.286—287)更加详细地描述了这些经历是如何将他们自己的兴趣和意识转化为与垂死者沟通的过程,他们后来将其描述为意识背景。在这个例子中,发展研究想法、兴趣和问题的背景是带有个人性质的——研究者最近的个人经历。

霍克希尔德(Hochschild,1983,p.ix)说明了自己早期的家庭和社会生活经历是后来"人们如何管理自身情绪"的来源和出发点。她的父母是美国国务院驻外事务处的官员,这为她提供了观察并解释来自不同文化背景的外交官不同形式的微笑及其内涵的可能性。霍克希尔德从微笑和握手等情绪表达所传递的不同层面(从人与人到国家与国家)的信息中获得了经验。这引发了特定的研究兴趣(当然要晚得多):

> 我想知道我们采取什么行动,所以我决定探索情绪的功能,它可以即时传递给我们关于看见什么和期望看见什么之间的关系,以及告诉我们应该做什么。(1983,p.x)

出于这种兴趣,她开展了两类公共关系工作者(空乘和收银员)的研究(情绪管理)以说明在服务客户的过程中,情绪机制是如何诱发或抑制的。

玛丽·亚霍达(Marie Jahoda,1999;另见 Fleck,2004,p.59)描述了奥地利社会民主党领袖、奥地利马克思主义理论家奥托·鲍尔(Otto Bauer)是如何启发她与保罗·拉扎斯菲尔德(Paul Lazarsfeld)和汉斯·蔡塞尔(Hans Zeisel)合著的《马林塔尔:一个失业社区的社会学》(*Marienthal:the Sociology of an Unemployed Community*)的研究的。这项研究的背景是1929年的经济大萧条,研究者的政治利益和取向推动他们研究当社区中的大部分人失业时社区将如何变化。出于这种动力,人们如何看待失业以及失业将带来什么后果成为了研究问题。

如果我们比较这些例子,它们会显示研究兴趣、想法和问题的不同来源。这些来源包括个人经历(格拉泽和斯特劳斯)、社会经验和环境(霍克希尔德)以及社会问题和政治委托(亚霍达等人)。在每一个案例当中,他们都产生了好奇心,于是进一步探求并把它具体化。当然,科学体系内部比我们所列举的案例中包含更多的研究兴趣来源。很多研究结果都来自以往研究中尚未解决的问题以及研究结论所指出的新问题。有时研究者具有独特的方法论兴趣,这种兴趣促使他们在案例中检验一种方法的优势和不足。在我自己关于专业人员健康概念的研究中,研究兴趣主要来自两个方面。首先,研究团队长期参与公共卫生(参见 Schwartz,2003)和**新公共卫生**(new public health)(Flick,2002)的发展作为研究和专业培训的视角;其次,对于主观健康理解的研究兴趣(参见 Flick,1998a,1998b)。由此,我们开始关注健康问题,健康促进和预防(公共卫生的核心概念)对卫生机构日常工作具有非常重要的影响。在这个案例中,研究想法根植于科学兴趣和政治关注(如何将公共卫生概念用于转变和改善现有的卫生系统)。

研究视角

为了将研究想法发展为研究问题和研究项目,(在拥有这样的想法之后)第二步是采用研究的视角。在格拉泽和斯特劳斯的案例中,这种观点是为了给缺乏理论知识和解释的领域发展一套理论。出于这种目的,他们通过比较和系统化观察所得的各类信息来收集和分析各类资料。他们的研究目的是确定基本—核心—概念,使得他们能够联系、系统化和理解通过观察获得的点点滴滴,并解释他们感兴趣的社会现象是如何运作的。因此,他们的研究视角聚焦于理论发展,通过寻找核心概念简化多样性,并发现结构(在他们的研究当中,有四个核心概念)。为了解释医院当中关于死亡的讨论如何发挥作用以及为什么病人临终前不讨论这些内容,格拉泽和斯特劳斯(Glaser and Strauss,1965)发展了一套以"意识环境"为核心概念的理论框架,该理论框架包括"意识环境"四个方面的内容。他们采取的研究视角是通过资料发展理论,这已经成为质性研究的基本视角之一。

第二种视角可以用于分析社会过程,该视角主要关注具有特定经验的个人经历。传记视角往往从特定事件出发,分析该事件带来的影响以及如何处置这一事件。特定事件可以是个体性的;如患有或诊断出慢性疾病或绝症(参见 Frank,1995),或者是具有普遍性的特定事件,如政治变迁。为了理解有关这一特定事件的人是如何经历处理这一事件、如何控制这件事的后果,以及如何重新组织生活以应对这一事件的,传记的视角被应用到研究当中。这一视角希望通过访谈,为拥有这一经历的人提供回顾自己生活的空间。分析聚焦于这些经历的比较,以获得应对这一经历的不同生活方式的类型。接下来可以接着发展一个应对该事件的理论,但是并不是每一个研究都需要(参见 Rosenthal and Fischer-Rosenthal,2004)。

在我们专业人士健康观念的研究中,我们从理论视角开始,以便了解在专业实践中,这是如何转化为日常知识的。我们并没有着眼于寻找核心概念或者发展理论。因此,我们的兴趣并不在于通过寻找核心概念或发展理论模型来降低数据的复杂性,而是在于所研究的理论知识——新公共卫生理念——是如何被专业团体采纳,以及在采纳的过程中有什么不同之处。所以我们采取**社会表征**(social representations)(详见 Moscovici,1973,1998;Flick,1998a;Flick and Foster,2017)作为我们研究的理论视角。社会表征理论通常被理解为:

> 具有双重功能的价值观、观念和实践体系。首先建立一个能够让个人在物质和社会生活中定位并掌控的秩序;其次通过提供社会互动编码和明确命名并区分其隐晦的世界、个人和群体历史不同方面的编码,确保社区成员能够沟通交流。(Moscovici,1973,p.xvii)

我们的研究兴趣在于,两个专业组织在日常工作中在多大程度上使用了新公共卫生的概念、方法和目标。社会表征理论表述了科学理论的概念和想法是如何被纳入日常生活的,以及在惯例和实践中是如何被客观化和固定的(见图 2.1)。

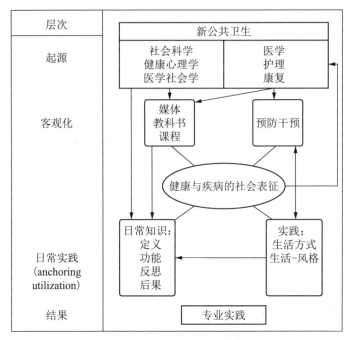

图 2.1 健康和疾病的社会表征

上述三个例子展示了在相似的质性研究领域,如何采用不同的研究视角。扎根理论是自下而上视角的例子(从现象、实践到理论、阐释)。社会表征理论是自上而下视角的例子(从理论概念和科学模型到日常实践)。传记研究是中层视角的例子(事件和应对策略)。它可以采取任何一种方式:通过分析传记经验和叙述来发展理论,或者研究人们使用哪种知识来处理事件以及他们在利用方式上的差异。其他观点可以补充这三个例子。人群志研究视角的兴趣在于从更加正式的角度来分析谈话和行动的日常惯例。人群志对没有正式视角的深描更加感兴趣。

需要强调的最重要的一点是,质性研究者需要根据研究视角处理研究问题,在当前的质性研究领域,不止一种研究视角可供选择。研究者不仅需要选择一个角度进行质性研究,而且需要从可供选择的替代方案中进行选择。我们提供的例子能够说明在解决和形成最广泛意义上的研究问题时,如何选择研究视角(见下文)。

在质性研究中使用理论

质性研究并不是建立在现有理论基础上的,这一说法是格拉泽和斯特劳斯(Glaser and Strauss,1967)所著的一些出版物中提出的。出于各种原因,这些说法和构想在很久之前被修订过。一个原因是,对于没有经过经验研究和理论分析的领域而言,并没有可以与格拉泽和斯特劳斯扎根理论相媲美的研究。另一个原因是,"理论"从那时起就变得与众不同——有中观理论和微观理论(有时由质性研究产生)可供选择。此外,我们的质性研究必须建立在实证研究的理论和结果之上,除非我们在开始研究时想冒天真的风险(参见 Dunne,2011;Flick,2018c,这两部作品在扎根理论中讨论了这一问题)。

综上所述,我们在进行研究设计时面对不同的理论选择。

第一,一些背景理论可以为我们的研究提供信息和认识论基础(例如,我们是否建立在建构主义或现实主义的认识论基础之上)。

第二,研究的理论视角可以指导我们进行一项具体的研究设计。如果采用传记视角,将会带来很多关于传记、关于叙述者个人和人类反思自身生活能力的假设。如果我们采用社会表征理论的视角,就可假设专业人士和非专业人士受科学和政治话语指导,以独特的方式处理他们生活中的信息,并且社会环境也会影响他们处理信息的方式。例如,医生和护士在实践中锚定相关领域科学新发展的方式有所不同。这些假设并未针对当前的实质性问题,但是对于选取的研究视角至关重要。

第三,它们在研究问题方面得到了理论知识的补充——例如,对于患有终身疾病的病人,这些疾病到底意味着什么,以及在治疗疾病前开展健康促进工作又意味着什么? 这些理论知识来自文献和现有的研究机构。

第四,我们在研究项目中使用与具体研究方法相关的理论假设——在采用叙事访谈的同时,形成关于受访者叙述关键生活事件时发生了什么的理论假设等。

因此，我们有四种形式的理论知识，包括认识论、研究的视角、研究问题的视角和我们所使用研究方法的视角。所有知识形式都在我们如何设计研究和执行研究过程中扮演着隐含或者（更好）明确的角色。

提出研究问题

在我们根据经验解决问题之前，我们应该为自己（也为后续的读者）澄清我们到底要研究什么问题。研究兴趣和研究视角是必要的前提。然而，在大多数情况下，两者并没有聚焦于质性研究设计，如选取研究工具（如访谈提纲）、选取研究对象（应该访谈谁），或是最终获取一个清晰且相关的资料集（详见 Flick，2014a，Chapter 11）。根据我自身研究和指导他人研究的经验可知，清晰明确的研究问题对于研究的成功实施具有决定性的意义。它决定了什么是重要的（收集资料、分析资料等），什么是不重要的甚至应当舍弃的（对于当前的研究而言）。然而，可以通过不同的途径确定研究问题。一种方式是首先进行研究设计，然后在实证研究的过程中寻求问题的答案。另一种方式是首先进行观察，然后使研究问题更加集中，就像格拉泽和斯特劳斯（Glaser and Strauss，1965）关于医院中垂死和死亡问题的案例。在扎根理论的概念中，"研究问题"这一术语并不发挥主要作用（Glaser and Strauss，1967；另见 Charmaz，2014；Flick，2018c）。然而，对于质性研究和扎根理论的初学者而言，明确的研究问题可以作为研究指南。最后，在研究过程中，最开始的研究问题会被再次精炼、重新定义或者重新聚焦（详见 Flick，2014a，Chapter 11）。

在传记研究项目中，研究问题的形成包括项目所指事件，一群人或一个特定的想法所经历的事件背景，以及生活史中的一段时期，这些都是侧重于实证方法的。在有关疾病的案例中，研究者通常关注发病及诊断以来的一段时期，但是也有研究关注患病之前的一段时期。

在上述研究专业人士健康概念的研究中(Flick et al.，2002)，我们通常感兴趣的是，在一些健康领域，主要的家庭护理服务机构中是否以及在多大程度上达到了公共卫生目标。这当然不是可以用来开始一项实证研究的研究问题。所以我们需要把宽泛的研究兴趣发展成为一个更具有针对性的研究视角。因此，我们首先要关注家庭护理师和全科医生所持有的健康概念。随后我们聚焦于他们工作当中对于健康保护和健康促进的态度，尤其对于老年人。在这样的背景下，我们提出了一系列想要通过访谈进行研究的问题：

- 医生和护士的健康观念是什么？
- 哪些健康指标与老年人护理工作相关？
- 专业人士对于老年人的健康预防和健康促进有怎样的态度？
- 全科医生和家庭护理师持有的"衰老"概念是什么？这些概念与健康概念具有怎样的关系？
- 专业人士如何将他们自己的专业实践和健康概念联系在一起？
- 专业培训和经历与健康概念之间有什么关系？

我们将这些研究问题作为访谈医生和护士的研究基础(见 Flick，2014a，2018b)。回顾这项研究，我们批判性地反思了上述清单中包含的不同研究问题。特别是对于质性研究的初学者而言，我们建议他们在进行类似研究的过程中，选取其中一到两个问题进行研究。

结论

这些规划和准备研究的步骤对于具体案例的研究设计和实施具有非常重要的意义。质性研究中不需要研究计划的时代已经结束了(Glaser,1992)。研究人员现在使用质性研究方法解决感兴趣的研究问题，他们有大量的背景知识支持他们将研究做得更加出色。因此，澄清研究问题并熟悉该领域的相关文献是非常有必要的。你应该细致地计划并选择研究视角，并且在研究设计的过程中做好准备工作。这些准备工作包括进入研究现场、澄清研究者与研究领域的关系、了解与研究问题相关的成员和机构,并充分熟悉研究团队将要使用的研究方法。

本章要点

在准备和规划即将进行的质性研究时,有必要:
- 将宽泛的想法和兴趣发展成为具有针对性的研究问题;
- 采用一种研究视角(并了解原因);
- 从几个层面获取相关理论和文献的最新信息(认识论、理论、方法论等)。

拓展阅读

下列文献更加详细地阐述了研究想法、研究视角和研究问题的关系:

Charmaz, K. (2014) *Constructing Grounded Theory—A Practical Guide through Qualitative Analysis*, 2nd ed. Thousand Oaks, CA: Sage.

Fleck, C.(2004) "Marie Jahoda", in U. Flick, E. von Kardorff and I. Steinke(eds), *A Companion to Qualitative Research*. London: Sage, pp. 58—62.

Flick, U.(2014) *An Introduction to Qualitative Research*, 5th ed. London: Sage, Part 3.

Flick, U. and Foster, J. (2017) "Social representations", in C. Willig and W. Stainton-Rogers(eds.), *The SAGE Handbook of Qualitative Research in Psychology*, 2nd ed. London: Sage, pp. 338—355.

3 如何进行质性研究设计

主要内容

    质性研究设计

    影响和构成

    研究设计的组成部分

    质性网络研究设计

    质性研究的基本设计

    质性研究设计案例

    好的质性研究设计具有哪些特征?

学习目标

    读完本章后,您应该能够:

    ● 理解研究设计在质性研究中的作用;

    ● 理解研究设计结构对质性研究的影响以及质性研究包括哪些组成部分;

    ● 了解可以使用的基本研究设计;

    ● 理解什么是好的或者不好的研究设计。

质性研究设计

    "研究设计"这一术语在质性研究领域并没有量化研究领域那么常

见,在量化研究领域,它是规划研究和确保研究结果质量的主要工具。根据上述理解,拉金(Ragin)这样定义了"研究设计":

> 研究设计是收集和分析证据的一项计划,从而保证调查人员能够回答他所提出的任何研究问题。一项研究设计几乎包括了研究的各个方面,从资料收集的细节到资料分析技术的选择。(1994,p.191)

在质性研究中,研究设计并没有那么受到重视,但是迈尔斯和休伯曼(Miles and Huberman,1994,p.16)指出:"可能与你知道的相反,质性研究设计确实存在。"不过,需要简单介绍一下文献中几种理解质性研究设计的方法。贝克尔等人(Becker et al.,1961)表达了一种对质性"研究设计"非常典型的理解。他们的书籍中有一章关于"研究设计",他们在这一章的开始这样说道:

> 从某种意义上讲,我们的研究没有研究设计。也就是说,我们并没有提前精心设计一套有待测试的假设,没有资料收集工具,没有专门设计用于获取与假设相关的信息,没有指定的资料分析程序。"设计"一词所意味的事先规划的各种特征,我们的研究中都没有。如果我们采用更大范围和更加宽松的关于设计的理念,使用它来确定顺序、系统和一致性等要素,我们的研究的确是有设计的。我们可以通过描述我们的原始观点、我们的理论和方法论以及这些是如何影响我们的研究的来说明这是什么问题。(p.17)

同样,哈默斯利和阿特金森(Hammersley and Atkinson,1995,p.24)认为"研究设计"应该是一个反复的过程,它贯穿于研究的每个阶段。

所以,我们可以说质性研究中似乎也有一个相当模糊的研究设计的概念(至少是与量化研究相比)。在某些情况下(例如 Creswell,2012),设计被用于两个非常具体的方式。一方面,研究设计和所选择的研究方法或质性研究作者所指出的五种传统有很大关系;另一方面,在克雷斯韦尔(Creswell,2012)对研究的讨论中提到,他不断在研究设计(在上述意义上)和写作设计(开始的研究计划和最后的研究报告)之间游走。在其他情况下,研究设计被描述为以下几个组成部分。马克

斯韦尔(Maxwell，2013，p.5)将研究目的、概念背景、方法和**效度**(va-
lidity)视为研究设计围绕研究问题这个核心的组成部分。在他的"研
究设计的交互模型"中，术语"设计"本身是不可见的(见图3.1)。

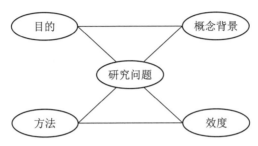

资料来源：Maxwell，2013，p.5。

图 3.1 研究设计的交互模型

在这种情况下，为质性研究发展研究设计的概念似乎是必要的，我
们可以采用不同方法为质性研究设计和实施提供方向，当然是在没有
过于严苛地考量量化研究中研究设计含义的情况下。

影响和构成

在第 2 章中我们重点关注了质性研究的准备工作和规划问题。我
们提到了质性研究与概念化经验相关的几种理论知识形式。我们还处
理了这样一个事实，即研究人员在处理研究问题时会采用特定的研究
视角，并且在开始实证研究工作之前应当提出明确的研究问题。我们
简单介绍了应该如何选择研究方法，并且揭示了研究方法会对研究问
题和研究方式产生的影响。我们稍后再讨论这一点(见第 8—11 章)。
后续我们也会讨论案例的可获得性和必要的研究资源(参见第 5 章)。
所有这些方面都会对质性研究的计划和完成产生重大影响。在进行研
究设计并开展一个具体研究时，这些也可以被看作对质性研究设计的
影响。所谓"研究设计"代表了这些影响的总和，但是对于所规划和执

行的研究项目的具体步骤具有直接的影响。这里提到的影响建立了质性研究的隐性设计。这种隐性设计的影响以及我们在具体研究中使用的方式,使得隐性设计变成了由几个部分组成的明确的设计。这些组成部分可以在图 3.2 中看到,本章和本书的其余部分会对其进行详细的解释。

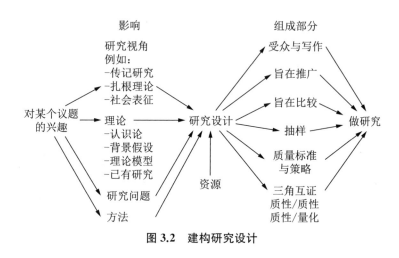

图 3.2 建构研究设计

研究设计的组成部分

质性研究设计包括几个组成部分,这些组成部分是上述影响的结果,并催生了研究问题和研究计划。

抽样

研究设计的核心特征是**抽样**(sampling)。在这个步骤中,研究人员要决定哪些材料、案例、个人或团体会参与到一项研究当中。这个步骤还决定了研究的比较潜能(参见第 4 章;Merkens,2004;详见Rapley,2014)。

旨在比较

研究设计的主要组成部分是预期的比较：研究者准备在哪些维度和水平进行比较？研究是否对于比较特定人群（或情况）感兴趣？在这样的研究中，不仅需要包括每组的样本，而且需要每组中包括足够的案例，以便研究人员可以确定群体或案例之间是否存在特定的差异（相似点）。此外，应该考虑如何在这样的组间比较的研究设计中保持组内的多样性。

可以将案例作为整体进行比较，也可以对案例的某一方面进行比较——例如，对不同的文化进行比较。在这样的研究中，样本需要包含在某些维度上或多或少具有可比性的案例，从而可以用不同文化来解释差异。在德国和葡萄牙关于女性健康观念的研究中，我们对于健康观念的文化差异指标非常感兴趣。因此，我们选取了来自两种文化的访谈对象，并且匹配了很多对研究案例（以多少有些严格的方式）。为了比较受访者健康观念中的文化差异，我们试图保持案例中的许多条件尽可能不变。因此，参与研究的女性受访者需要在尽可能多的生活条件方面保持相似（生活在大城市，具有可比性的职业、收入和教育水平），这样我们就可以从"文化"的角度分析差异（参见 Flick，2000a）。该研究是一项探索性研究，每一个子分组下都有一系列案例。该研究采取了比较设计——比较了两组女性的特征，即她们的健康观念和疾病观念。

在这个例子中，如果研究设计充分，比较不仅是可能的，而且可以在不同层面进行比较（见图 3.3）。

● 从图 3.3 的最低层级开始，我们可以从一个（或者更多）层面比较案例（1—n）。可以对来自不同（文化）群体的案例进行比较。例如，我们可以比较每一位受访者对于健康的定义。这个例子中，比较的对象是个人。我们也可以将这种多维度的比较应用于群体。

● 在第二层，我们可以将案例作为一个整体（而不是抽象为维度）进行组间或组内比较。

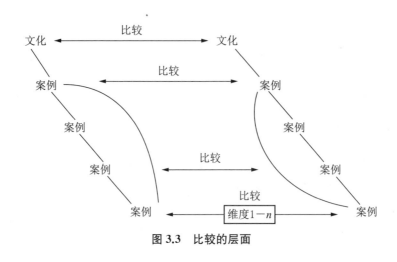

图 3.3 比较的层面

● 在第三层,我们可以对案例进行组内比较,随后进行组间比较,最后我们可以比较这组的不同结果。

● 在第四层,我们可以从环境的角度进行比较,在文化的例子当中,我们可以从文化背景中寻求不同案例或答案之间差异的原因。

在同一个研究中包含所有这些形式的比较是没有意义的。相反,研究者需要反思需要哪一类型的比较,并有针对性地进行研究设计。这对于抽样和资料收集设计都有影响(应该问哪些问题从而得到特定维度的结论;应该选择哪些案例进行典型的文化比较,等等)。比较通常是基于案例(或事件)的对比。最大或者最小差异似乎是比较富有成效的对比方式。在这些策略中,你可以假设哪些案例最相似或者最相异。最小化差异会在最相似的研究案例中寻找相似点,以便发现研究领域的主要变化。最大化差异会对研究最相异的案例中的差异性感兴趣,从而找到研究领域的变项。当然在两种策略中都会寻找相似点和不同点,但是每种策略关注的主要内容不同。这种比较的目的并不是推广,而是对研究材料进行系统化理解并分析其中的结构。研究者应当根据研究问题、认识论和理论背景以及研究方法决定选用哪种形式的比较策略。

旨在推广

在研究过程中另一个非常重要的问题是推广。质性研究通常不是为了获得推论的。林肯和古巴(Lincoln and Guba，1985，p.110)甚至认为，"唯一的推论就是没有推论"。然而，任何形式的研究都始于概括。即使在案例研究中，我们也假设我们能够获得一些与即时资料收集的具体情况无关的论述、结论和发现，如果只是把它们应用于案例所处的环境之外。另一方面，统计推广并不是质性研究提供的，也与质性研究的主张没有任何联系。因此，区分不同形式的推广方式似乎是有帮助的。例如，马克斯韦尔(Maxwell)区分了"内部"推广和"外部"推广："内部推广指的是将研究结论推广到研究的群体或环境中，外部推广指的是将研究结论推广到研究的群体和环境之外"(2013，p.137；另见 Maxwell and Chmiel，2014)。

内部推广也是任何质性研究的主张，而外部推广的表述方式有所不同，同时也是研究设计需要解决的问题。在这里，我们可以再次区分不同的推广目标(参见 Flick，2014a，Chapter 9)。通常，质性研究的目标不是量化推广，而是理论性推广。格拉泽和斯特劳斯(Glaser and Strauss，1965)的意识环境理论的案例当中，发展扎根理论可以有**实质理论**(substantive theory)(适用于特定领域)，也可以有**形式理论**(formative theory)(适用于不同理论)。这个理论最初是为了解释一个特定的现象(与医院中垂死病人的沟通)，后来拓展到了其他类似的现象(例如买卖二手车过程中的交流)。这两种理论(形式的和实质的)是理论层面上两种可能的推广形式(另见 Kelle，2014)。我们做研究设计时，应该考虑一下打算形成哪些推广，以及这些推广会如何影响我们的研究计划。另一方面，应该仔细思考研究中我们希望达成哪种类型的普遍性，然后尝试限制研究样本中的维度范围。我们是否真的需要根据性别、年龄、城镇、农村以及类似标准进行比较，或者我们是否可以通过明确的定义来限制相关维度的推广？

质量问题

在量化研究中,研究质量主要通过研究设计中的**标准化**(standardization)的情境来实现。这里的策略是尽可能多地控制研究情境和研究问题,这样可以保证研究的效度、**可靠性**(reliability)和**客观性**(objectivity)(另见 Flick,2018a)。在质性研究中,这些准则和标准化都不是研究计划中的共识或标准。然而,控制的问题和有限标准化也可能很重要。在比较的背景下,我们需要在相似的条件下保持不同案例的特点,从而将观察到的差异与特定的条件联系在一起,如上述案例中的文化背景。在许多项目中,一些研究的方法论特征是保持不变的。例如,半结构型访谈中制定的访谈提纲会或多或少地运用在后续的访谈过程中。尽管人们总是关心自由度,但是持续使用同一种方法有助于我们从比较的视角分析资料。使用同一种方法能够增加资料收集条件的相似性,从而将资料的差异性更多地追溯到受访者的差异性(例如他们对于某事的态度)而不是资料收集条件的差异性上。在这种情况下,该设计包括相当大程度的控制和标准化。迈尔斯和休伯曼(Miles and Huberman,1994)将此视为质性研究中更加严格的设计,在这种设计当中,研究问题更加狭窄并且抽样方式更加取决于资料收集的条件。他们反对松散的研究设计,在这种设计中,研究问题、抽样和资料收集被更加灵活和公开地使用。如果质量问题与研究设计的严格程度相关,那么它就与构建研究计划和研究设计产生了关联(另见第六章;更多细节参见 Flick,2018a)。

受众与写作

在构建研究设计的过程中,研究者需要反思谁是研究报告的**受众**(audiences)。如果受众是学者(例如,为研究成果确认学术资格的大学学术委员会),那么研究计划、研究过程和研究结果的呈现方式都应该符合良好的科学实践标准。这不但会影响研究计划的实践水平(例如,研究中预计有多少参与者），而且会影响研究结果的呈现方式，从而无法满足符合科学**严谨性**（rigour）的标准和期望。

另一种情况下，受众是实践者，他们可能会对研究结果的实际意义更感兴趣，而不是对科学严谨的细节感兴趣。如果研究旨在促进、支持和广泛影响政治和行政决策，研究者可以通过明确的观点或减少研究复杂性来贴近受众。有时，在研究计划中，能够产生可信结果的便捷方法比（过度）精细的方法论技巧更加重要。

这些都是受众和写作如何影响研究计划的例子，也是研究计划的重要组成部分。

三角互证

对于很多研究问题而言，一种方法论取向是不够的，因此研究设计需要使用多种方法。一般来说，我们可以将三角互证视为提升质性研究质量的方法（参见 Flick，2018a）。但是，我们也可以用这种方法来拓展我们想要在研究中获得的知识（见第 11 章；参见 Flick，2018b）。在构建研究设计的过程中，这可能会对研究实践产生不同影响。我们可能会使用三角互证方法中不同的抽样逻辑，例如，选取访谈对象和观察的情境。三角互证还可以在研究中提供新的比较方式，并且在规划比较方案中引入新的需求（参见 Flick，2018b，Chapter 8）。此外，也许是最重要的，三角互证会对必要的研究资源产生影响（有关该主题的更多信息，请参阅第 5 章）。所有这些问题在囊括了好几种质性方法的质性研究设计中具有实际意义。

最后，最近的趋势更趋向于在同一个研究设计中混合质性和量化的方法（见 Tashakkori and Teddile，2003a；另见 Flick，2018b）。这对以不同方式构建研究设计来说很重要。如何将两种方法集成在同一个设计当中，并没有一个统一的答案。特别是在研究设计中着重采取质性研究方法，并且这一方法并不仅仅是从属或边缘化的时候，这对于研究设计的其他部分会产生影响：如何组织抽样，这样我们就不会采用有限数量的随机样本用于质性研究，而是采用适当的抽样方法；如何确保研究质量不是简单地根据"量化逻辑"进行评估。我们是应该简单务实地混合方法,还是需要在理论、方法和概念层面更加精细地结合?这些问题从(质性)研究设计的角度改变了将质性研究和量化研究相结合的更为一般的路径与问题。

限于聚焦

任何良好的研究设计(不仅仅是质性研究)的一个主要特征是具有限制研究计划焦点的能力。一项好的研究计划是将复杂的研究问题和广泛的研究兴趣转化为在(多数情况下)时间和资源有限的情况下能够产生相关路径和结果的前提。有效的研究设计意味着决定研究哪些人和研究什么(不研究哪些人和不研究什么)、比较的维度是什么,等等。

质性网络研究设计

在网络研究中,本章中提到的很多问题都是相关的——我们需要确定研究概念、研究问题、研究对象以及研究结果如何推广。博尔斯托夫等人(Boellstorff et al.,2012,p.52)参考了海因(Hine)的观点,认为:"任何虚拟世界的人群志学者都必须'确保他的研究问题不仅得到了连贯的解决,而且适应了已有的文化景观'。"(Hine,2009,p.2)质性网络研究,例如使用网络访谈、网络焦点小组访谈和网络人群志的研究,通常都是研究特定群体的(例如,通过互联网了解疾病信息的患者)。"如果将研究对象定义为一个社区,我们需要解释清楚这意味着什么。"(Boellstorff et al.,2012,p.57)例如,研究者可以通过某一个特定的时期或某种特定的疾病确定研究对象,也可以通过特定的论坛、博客或聊天室来限定研究对象。

研究者在选择被研究的虚拟世界时,需要考虑到资源的可获得性和所选的研究问题。尽管虚拟世界的人口统计方式可能存在

问题,但是当前虚拟世界可能包含数百万人口。(Boellstorff et al.,2012:pp.59—60)

在很多案例中,在质性网络研究中确定一个领域或一个**地点**(site)是不够的,因此我们建议使用**多点人群志**(multi-sited ethnography)的方法(Marcus,1995)。因此,我们可以如此定义研究场景:

> 场景可以被理解为行动者、地点、实践和人工制品的集合,这些可以是实体的,也可以是虚拟的,或者是两者的结合(Taylor,2009)。多点人群志可以用于捕捉社区或活动的整体生活图景,在这种情况下,研究场景是自然呈现的。(Boellstorff et al.,2012,p.60)

研究者为什么以及如何接近他们的虚拟世界,受到他们对于虚拟概念认知的影响。研究者对于互联网的认识会影响他们在研究设计中如何使用、参考或研究虚拟世界:

> 互联网可以被概念化为收集信息的工具……作为一个场合,研究者可以将互联网概念化为文化场景,有些学者已经认识到将互联网作为存在方式进行研究的重要性。(Markham and Stavrova,2016,p.231)。

这些简单的评论可能从两个角度勾勒出质性网络研究设计。一方面,我们在质性网络研究设计中面对同样的有关质性方法的问题和挑战。我们需要研究设计来明确我们从谁或者从什么当中获取研究资料,从而明确研究问题并加深我们对于研究领域的理解。另一方面,网站更加开放且具有"流动性"(见 Markham and Gammelby,2018)。在这种情况下,我们也可以将**基本设计**(basic design)作为具体研究设计的参照。

在质性研究中使用基本设计

在质性研究中,研究者通常选择基本设计来设计研究议题(参见Creswell,2012;Flick,2014a,Chapter 9)。在一般的质性研究讨论中

（例如 Bryman，2004），我们发现了两种基本的区分：一种是在横向研究和纵向研究之间，另一种是在比较研究和案例研究之间。将两种区分的元素组合起来是可能且经常发生的。横向研究和纵向研究（longitudinal study）之间的区别在于该领域与经验联系的数量。在横向研究中，同时要进行很多案例的比较，然而纵向研究需要两次或者更多次返回研究现场进行资料收集，以涵盖研究领域和问题的发展和变化。这可以毫无疑问地转移到质性研究，但是我们会发现，质性研究中真正的纵向研究是非常特殊的。"真正"的纵向研究意味着当研究过程开始时进行研究并反复进入研究现场收集资料——例如，在一段时间之后与同样的受访者重复访谈。采用质性研究方法进行纵向研究的例子有很多（参见 Thomson et al.，2003 特刊），但是大多数情况下，质性研究需要采取不同的纵向研究方式。一种对具有前瞻性的纵向研究的替代选择是在诸如叙事分析或传记研究中回顾发展或过程。另一种选择是设计一种覆盖时间推移的长期参与型观察或人群志研究。在布里曼（Bryman，2004，p.41）的横向研究定义中，横向研究与比较视角密切相关。在质性研究中，我们也发现研究不是采用纵向或回顾性视角，而是采取单一时间点的视角。因此，我更喜欢用"现时研究"（snapshot）这个术语而不是横向研究来区分这些更具有时间导向的研究（见图 3.4）。

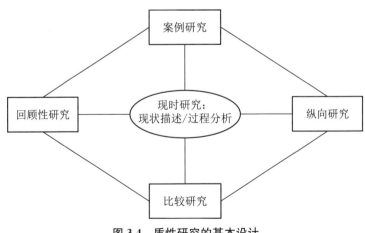

图 3.4 质性研究的基本设计

在质性研究的基本设计中,我们也可以区分案例研究和比较研究。对于前者,相关问题是,如何定义案例及其研究限制。首先,研究问题将为此给出答案。但随后,我们发现研究案例具有非常广泛的概念化范围(参见 Ragin and Becker,1992)。

如果我们研究案例,我们会发现个人、制度(例如研究对象的家庭)、组织(研究对象在哪里工作)、社区(研究对象居住在哪里)或者事件(研究对象的经历)都可以作为研究案例,这取决于研究主题和研究问题。这些例子旨在证明案例研究中,案例并不一定是个人。如果我们以某人作为研究案例,就可以思考上述的哪些单位与理解该案例有关——也许我们需要从整个家庭的角度来研究一名学生在学校中表现不佳的原因,或者我们也可以从整个学校的角度来研究这个问题。

在比较研究中,最相关的问题是定义比较的维度以及如何将研究背景纳入研究过程中。目前为止所讨论的质性研究基本设计的不同之处主要集中在两个方面(见图 3.4):沿着时间的维度(从回顾性研究到现时研究以及纵向研究)以及沿着案例与比较的维度。在研究实践中,我们寻求结合两个维度,例如,回顾性案例研究以及具有比较视角的回顾性研究。

质性研究设计案例

在下文中,我们将概述一些质性研究设计的例子以展示它们是如何发展的,以及在这个过程中做了哪些决策。

专业人士的健康概念

通过这个例子,我想展示一个相当全面和复杂的研究兴趣(新公共卫生概念与专业实践的相关性)和研究视角(健康和疾病的社会表征,见图 2.1,第 2 章)如何能够发展成为一个相对聚焦的研究设计(见图

3.5)。哪些相关的决策指导了研究设计？

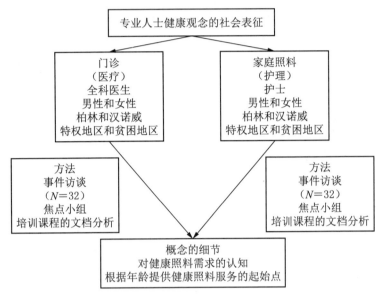

图 3.5 研究设计：专业人士的健康概念

第一个决策是进行比较研究。在这种情况下，包括两个专业团体。第二个决策是选择处于卫生系统和日常生活边界的，对或多或少有专业支持需求的人们来说有着健康**守护者**（gatekeeper）地位的专业团体。第三个决策是选择医学或非医学专业。这三项决策令我们选择了具有守护健康功能的全科医生和照料老年人健康（该工作处于卫生系统与日常生活边界）的家庭护士。最后，我们选择了德国两个具有类似社会结构的城市——柏林和汉诺威。在这两座城市中，我们对工作在特权地区和社会地位较低地区的专业人士比较感兴趣。此外，我们打算让两个专业团体当中包括男性和女性参与者，因为护士是传统的女性职业而医生是传统的男性职业。这些决策使我们最终在每个城市和职业建立了 16 个子样本，最终进行了 64 次访谈：每个职业 32 次，每个城市 32 次，男女各一半。由于我们想要看到受访者专业实践中的发展，所以我们选择的参与者在工作领域至少具有五年工作经验。

除了抽样决策,我们还使用了混合研究方法。最主要的方法是**事件访谈**(episodic interview)(Flick,2000b,2018b),以便获取受访者实践经历中更具叙述性和概念性的内容。在研究项目快要结束时,我们通过焦点小组进行三角互证(参见 Barbour,2018),为此我们招募了能够参加下一阶段研究的受访者(详见 Flick,2018b)。第二步的目的是向受访者提供访谈内容的分析和发现,并尝试就此引发受访者的讨论,从而将讨论内容作为第二轮资料以便作最后的分析。第三步是分析与访谈和焦点小组内容相关的具有代表性的文献。这些文献资料是两种职业受访者参与过的职业培训课程。

该项目获得了两年的资助。资金允许为该项目雇用两名全职研究人员和两名研究生。

在这个例子中,研究设计基于抽样决策(访谈谁)、研究场景(两种职业领域、具有不同社会经济背景的两个地区——高社会经济地位和低社会经济地位)的选择和用于每个小组之间比较的特征(性别、职业经历)。然而,推广的主张具有局限性——我们无意将此样本作为全科医生和护士的代表。在某些方面,这项研究可以被看作探究某些概念和话题是如何侵入到特定领域和参与者的实践中去的案例研究(参见图 3.5 研究设计)。

无家可归的青少年的健康

在第二个案例中,我们较少涉及比较的视角。这项研究的焦点是一个非常特殊的群组——德国城市中无家可归的青少年的健康概念和经历。我们的研究涉及两个主要研究问题的几个方面:无家可归的青少年具有哪些健康表现?哪些形式的健康实践可以被报告或观察?这项研究在德国的一座城市进行,研究了 24 位无家可归的青少年(包括 14 岁至 20 岁的男性和女性各 12 名,见表 3.1),他们经常在特定的公共场所闲逛。为了接触无家可归的青少年以便访谈他们,研究者参加了街头社会工作并加入目标群体的无门槛服务中心。研究者将研究目的告知这些场所中的青少年,并尝试让他们身边的朋友知晓这个研究,所以这项研究并没有引发很多质疑。研究者在服务中心对受访者进行访谈以减少外界的干扰。这些青少年被问及他们的健康概念、健康经历、健康问题以及他们如何应对这些问题。他们被要求重述这些经历。访谈提纲包括以下几个方面的内容:受访者是如何开始街头生活的;受访者对于健康的主观定义是什么;受访者目前的状况(住房、经济、营养)及其对于健康的影响;受访者如何应对健康问题和健康风险(毒品、酒精和性行为)。对于受访者同伴的参与型观察弥补了访谈内容,帮助我们了解了受访者及其同伴的健康实践。该项目获得了 18 个月的资助,并且雇用了一名全职研究人员。

表 3.1　根据年龄和性别抽样

年　龄	性　　　别		总计($n=24$)
	男性($n=12$)	女性($n=12$)	
14—17	5	9	14
18—20	7	3	10
σ	17.5	16.0	16.75

　　总而言之,这也不是一项样本或结果具有**代表性**(representativeness)的研究。这是一项关于未被研究涉及(至少在德国如此)的边缘化群体的探索性研究,这项研究涉及敏感话题并希望得到受访者较为犀利的答案。本研究之所以会选择质性研究方法,是因为难以接近受访者以及缺乏相关研究。这次,研究设计仍是一系列决策的结果:如何定义无家可归(这里指在一段时间内缺乏庇护场所,但不一定是永久地露宿街头);如何定义青少年阶段(这里指 14 岁至 20 岁);在哪里定位无家可归者和在公共场所闲逛的人。起初我们想对比两个区域内无家可归者的不同之处,但是当项目启动时,其中一处区域——火车站——开始重建,所以我们不得不专注于另一个区域。我们依旧对性别差异感兴趣,所以样本中有一半是女性。抽样决策是根据群体的选择而定的,包括为目标群体提供支持以及为研究提供接触该领域和参与者的途径的组织。研究设计的方法论部分依旧包括两种方法的三角互证,

即采用人群志的方法进行访谈和参与型观察（见 Coffey，2018；Brinkmann and Kvale，2018）。

好的质性研究设计具有哪些特征？

如果我们想从本章得出一些结论并考虑好的质性研究设计应当具有哪些特征，请注意以下要点：

好的研究设计具有明确的重点并且围绕一个清晰的研究问题。研究设计和研究问题能够将研究简化为基本的研究问题。好的研究设计使得研究在资源和时间方面具有可控性，并且在抽样决策和方法选择方面具有明确性。好的研究设计与理论背景和研究视角有很好的关联。最后，好的研究设计反映了推广的目的和受众的需求，更具体地说，好的研究设计允许在研究中进行比较。从这个角度看，好的研究设计是反思、规划和清晰构建研究设计步骤的结果，正如本章讨论的那样。然而，好的研究设计应该同时具备敏感性、灵活性和适用性，并且对于第一阶段的研究成果和整个研究过程所产生的新见解保持开放。

本章要点

- 质性研究可以从发展或使用研究设计中获益；
- 对于质性研究设计的构建，有一些影响因素；
- 质性研究设计具有很多组成部分，可以基于基础研究设计；
- 研究设计的主要功能是缩小研究聚焦点。

拓展阅读

下列书籍介绍了质性研究设计的更多细节：

Flick，U.（2014）*An Introduction to Qualitative Research*，5th ed. London：Sage.

Flick，U.（2018）*Managing Quality in Qualitative Research* (Book 10 of *The SAGE Qualitative Research Kit*，2nd ed.) London：Sage.

Marshall，C. and Rossman，G. B.（2015）*Designing Qualitative Research*，6th ed. Thousand Oaks，CA：Sage.

Maxwell，J. A.（2013）*Qualitative Research Design—An Interactive Approach*，3rd ed. Thousand Oaks，CA：Sage.

Miles，M. B. and Huberman，A. M.（1994）*Qualitative Data Analysis：A Sourcebook of New Methods*，2nd ed. Newbury Park，CA：Sage.

4 抽样、筛选和进入现场

主要内容

质性研究抽样的逻辑方法

抽样建议

人群抽样

选取场景和事件

构建群体

构建语料库

在案例和材料内抽样

澄清访问权限和必要的批准

学习目标

读完本章后,您应该能够:

● 理解质性研究抽样中不同的逻辑方法;

● 理解质性研究中不同层级的抽样决策;

● 理解案例抽样与案例内抽样相辅相成;

● 更加了解如何进入现场。

在质性研究中,人们总是在怀疑使用"抽样"一词是否正确(例如 Maxwell,2013,p.96)。但是在质性研究中,我们也需要面对这个术语 已经解决了的问题:我们必须以某种方式选择"正确"的案例、群体和材 料——以便我们利用有限的资源在或多或少无限的可能选择中进行研 究。根据我们选择的内容,我们想用这样或那样的方式进行推广从而做出陈述——在大多数情况下至少会超出我们的研究情况或者超出4个或者40个访谈对象。因为在质性研究中,这个问题与其他形式的社会学研究大体类似,所以我会继续使用"抽样"一词。

质性研究中抽样的逻辑方法

在量化研究中,抽样通常是有固定形式的——例如,随机抽样和分层抽样等。量化研究中的样本能够代表总体的特征和分布。样本之所以要具有代表性,是因为要将样本的研究结果推广到总体当中。因此,量化研究中的抽样遵循(统计)推论的逻辑。

质性研究中的抽样遵循不同类型的逻辑。我们可以将正式的抽样方式转变为更具有目的性和灵活性的抽样方式。例如,在第一种替代方案中,样本的数量(例如,访谈)是根据某些特征分布决定的。在实证研究开始时,我们需要确定应该访谈多少男性和女性,需要确定受访者的年龄范围,需要确定受访者的职业等标准。之所以这样做,是因为人口统计学特征(例如,性别、年龄和职业)有助于达成研究对象的多样性,我们的样本也应该纳入这些特征。例如,如果我们研究健康概念,我们会假设男性和女性的健康概念有所不同,并且会随着年龄发生变化,因此,样本中包括了不同年龄的男性和女性。研究者为该样本构造了对照组——在分析资料时,我们将系统分析老年人和年轻人之间的差异。

另一种不同的逻辑是在研究过程中更有目的性地逐步确认研究样本。在扎根理论研究中,抽样决策既不正式也不提前进行,而是在收集和分析资料的过程中逐步形成的。尽管在更为正式的抽样方式中,抽样背后的逻辑解答了如何抽样的问题,然而在**理论抽样**(theoretical sampling)中,如何抽样是由缺失哪些资料(及如何获取这些资料的洞见)决定的(更多关于理论抽样的细节请参见 Charmaz,2014;Flick,2018a,Chapter 6,2018b)。

对于抽样而言,迈尔斯和休伯曼(Miles and Huberman,1994,

pp.16—18)所做的研究设计的区分意义重大。他们区分了严格和松散的研究设计，并结合具体的研究项目和情况比较了两者之间的优势。严格的研究设计包括封闭、有限的研究问题以及预先制定的筛选程序。调查领域的开放程度和实证材料仍然相当有限。迈尔斯和休伯曼建议缺乏质性研究经验的研究者采用这样的研究设计。当研究基于明确定义的结构，或者研究仅限于熟悉环境中特定关系的调查时，这种研究设计也是非常有效的。在这种情况下，他们认为松散的研究设计是对于预期结果的迂回。更为严格的研究设计有助于确定哪些资料或有关资料的分析是与研究相关的，哪些是不相关的。这种情况下，比较和总结来自不同访谈和观察的资料也变得更加容易。此外，抽样也会基于更加明确的抽样计划。

另一方面，松散的研究设计的特点是概念定义较少，并且在研究开始时没有非常固定的研究方法。对于迈尔斯和休伯曼而言，这种研究设计适用于对不同领域的质性研究都有经验的研究者，尤其是在研究新兴领域或理论结构和概念并不成熟的情况下。松散的研究设计主要受格拉泽和斯特劳斯（Glaser and Strauss，1967）方法论建议影响——例如，他们以极大的开放性和灵活性处理理论抽样（参见 Flick，2018a，Chapter 6，2018b）。

研究设计之间的差异为上述抽样的替代方案——更加正式和更具目的性的抽样方式——提供了背景（另见 Rapley，2014）。正式抽样方式是严格研究设计的一部分，对于经验不足的研究者而言，这种抽样方式更容易把握。目的性抽样需要更多的开放性和灵活性，因此更有可能成为松散研究设计的一部分，如果研究者更有经验，那么这种抽样方式也更容易处理。

抽样建议

抽样不仅关注如何选择受访者和需要观察的情况，还关注研究地点的选择，在这些研究地点中，可以找到需要访谈的对象和观察的情况。多数情况下，质性研究抽样并不是基于现有或假设的总体的一部分进行正式（随机）的选择。相反，它被设想为一种刻意建立集合的方式，该集合中包括可以用于建构实证样本语料库（corpus）的案例、材料和事件，这有助于我们以最具启发性的方式研究感兴趣的现象。因此，大多数关于质性抽样的建议是围绕研究目的所涉及的概念进行的。认真对待质性研究抽样是处理多样性的一种方式（见 Flick，2018a：Chapter 7），以便在实证材料中尽可能捕捉到研究现象的变化。

巴顿（Patton，2015）提出了以下目的性抽样的其他变种：

● 首先，研究者需要尽可能有目的地整合极端或异常情况。如果你在研究应对慢性疾病的过程，你可能会搜集那些成功将疾病融入日常生活的案例和无法将疾病融入日常生活的案例，并对两者进行比较。因此，研究者就可以从正在研究领域的细节中获取整体的理解。

● 另一种方法是寻找特别典型的案例，尤其是那些对于多数人而言都非常典型的成功或失败案例。在这种情况下，我们可以从研究领域的内部和核心开展研究。

● 巴顿的第三个建议是样本差异最大化。这意味着你需要尝试整合一些尽可能不同的案例，以揭示该领域的变化和差异。

● 研究者可以根据案例中给定的或假设的特点、过程、经验等的紧密程度来选择研究案例。研究者可以选取强度最大的案例，或者系统整合并比较不同强度的案例。

● 如果研究者想要选择典型的案例，可以选取我们所研究的经验和过程较为清晰的案例——例如，研究领域中的专家意见。

● 选择敏感的案例是有益的，以便更加有效地说明积极的研究发现；然而，从伦理的角度看，这些案例可能存在问题，研究者可能需要排除它们。

● 在巴顿的替代清单中，他提出了"方便抽样"的标准，也就是在给定条件下最容易获得的样本。但是，这并不是如何抽样的建议，而是在没有明确替代方案时的第二选择。尽管这种策略可能会减少工作量，但是只有在时间和人力资源有限或者研究问题适用于更为直接的抽样方式时,才可以使用这个方法。

迈尔斯和休伯曼(Miles and Huberman,1994,p.28)为质性研究增加了其他几种抽样形式,这些抽样方式具有系统性而且很务实。他们提出在焦点小组中使用同质性样本,或者基于理论框架进行理论性抽样并进行实证阐述。他们建议混合使用**随机目的性抽样**(random purposeful sampling)(当持续采用目的性抽样会产生过多需要处理的案例时)、**分层目的性抽样**(stratified purposeful sampling)(在用于比较的样本中建立子样本)或**混合抽样**(mixed sampling)(将多种兴趣和需求融入同一个样本的具体术语)。最后他们提出了**滚雪球抽样**(snowball sampling)(请受访者介绍可能与研究相关的其他人作为下一个样本)。

不同的抽样决策能够反映不同的目标(有时在同一个研究当中)。一种是寻找研究现象中最典型或者最具有代表性的案例进行研究。因此,研究者经常选择经验丰富或是真正进行专业实践的人作为访谈对象。学生群体为大多数传统心理学研究提供了实证基础,与此不同,质性研究者对于真正与研究问题有关和经历过研究问题的人感兴趣。所以我们寻找具有与研究问题相关的经历、知识和实践等方面的核心案例。在这种情况下,样本需要具有代表性——并不是以统计的方式,也不是以一个基础总体来代表现状的方式。我们的案例应该能够呈现受访者经验和研究问题之间的相关性。在大多数研究中,我们对于各种经验和观点都很感兴趣,所以我们不但应该具有相对核心的案例,而且应该理解领域的多样性和问题的差异性。这需要研究者寻找少数案例、极端案例和不同强度的案例等。这些不同的目标可能很难同时实现——例如,在研究开始时确定的抽样方式很难在研究中实践。如果我们能够一步一步地确定抽样方法,会更加容易实现这些差异化的目标——首先寻找"核心"案例,然后比较该领域内的差异性。这就是为什么质性研究经常采用逐步抽样的策略(见 Flick,2014a,Chapter 13)——最典型的是扎根理论研究中的理论性抽样。但是,在最近的出版物中,理论性抽样被更加明确地从其他抽样方法中区分出来,例如随机抽样或者以总体分布或**反例**(negative cases)为导向的目的抽样

(Charmaz，2014，第 197 页)。正如马克斯韦尔（Maxwell，2013，pp.97—98)强调的那样,抽样应该着眼于研究场景中的异质性并允许尽可能多的比较。如果我们样本中的案例过于相似,就很难在它们之间进行有意义的比较;如果样本中的案例差异性过大,就很难识别它们的共同特征。

根据研究问题、研究目的和研究方法的不同,抽样可能呈现不同的层次。第一种区别是人群导向的抽样还是情境导向的抽样。第二种区别是案例间抽样还是案例内抽样。第三种区别是对材料抽样还是在材料内抽样。

人群抽样

质性研究通常关注人。访谈慢性病患者意味着研究者需要寻找具有慢性病经历的患者,以及需要寻找患有不同程度慢性疾病的患者,他们可能患有或长或短的不同类型的慢性疾病。如果你对于组织决策的专业知识感兴趣,你需要明确在这个研究当中,什么是专业知识,需要反思哪个人可能会拥有这种专业知识,以及该机构的哪个岗位能够提供这样的专业知识。研究者可能会从不同的岗位中选取受访者进行专家访谈,这些受访者可能来自组织的不同等级。在这种情况下,具体的职业岗位或职能是抽样决策的标准。

当你进行上述的访谈时(参见 Brinkmann and Kvale，2018),很难提前或者在研究刚刚开始时就知道谁是回答问题的合适人选。在大多数情况下,研究者希望找到更多经验丰富的受访者以提供更多有关研究问题的信息,并且不断地寻找有关这一问题的不同视角。

"抽样"通常意味着从一系列已知的并可能已被使用过案例中选择"合适"的案例。在质性研究的实践当中,包括含有访谈的研究中,抽样往往是一个迭代的过程。当你在研究领域中找到自己的定位时,你就会越来越了解这个领域和其中的人们。因此,你的抽样方法和选择的受访对象可能会随着研究而变化——你会更加清楚谁更了解你所研究的领域，以及谁可能会拥有不同的观点。

选取场景和事件

如果你对人们在具体情况下如何交流你的研究议题感兴趣（例如，青年人如何与患有慢性病的同龄人进行沟通），你需要对发生此类沟通的情况进行抽样。如果你对于特定的实践感兴趣，可以在相应的场景中进行抽样。特别是如果你对制度环境中的实践感兴趣的话，你就需要在组织当中选取能够接触到研究议题的场景。例如，如果你对于研究学生在校表现和职业选择感兴趣，你就需要在不同层面进行抽样决策。首先，你需要先对学校（或学校类型）抽样，该样本可以覆盖研究问题的变化范围。其次，你需要选取一些场景，在这些场景当中，行动者会讨论与在校表现相关的问题，并就决策过程交换信息和做出决策。如果有一个正式框架——例如，每月或在学期结束时定期召开教师会议——那么你就需要在一个或多个学校中就这类会议进行抽样。如果这一系列决策是在这样一个正式的场景之外准备或做出的，那么研究者就需要确认相关步骤是在哪些场合中实施的，并尝试将这些情况整合在抽样中。可能你需要进入教室去分析教师和学生的商谈，从而了解决策是如何准备和制定的。

在这样的例子中，这意味着你的抽样过程包含几个步骤。你需要选取一个（或一系列）场景——在我们的研究中是一所学校或几所学校。随后你需要确定这个研究场景中与研究问题相关的情况——在本例中是教师大会。之后你将再次尝试选择使你的研究问题可见的具体情况——在本例中，是对学生进行评分的会议。最后，你需要确定可能会对你的研究问题产生影响的其他情况——在本例中是课堂情况等。此外，在研究过程中，你对"合适"的情况和各种"合适"的情况会有更加深入的理解，由此，经典的抽样概念——从一系列给定的案例和总体当中进行抽样——将可能不是很适合描述这个过程。

场景和情况的选择对人群志研究、参与型观察(Coffey，2018)和诸如对话分析的传播学研究(Rapley，2018)最为重要。

构建群体

可以在人群和场景之外进行质性研究抽样的第三种选择。焦点小组关注的不是个人而是团体(参见 Barbour，2018)。为了寻找合适的研究案例，研究者需要寻找与研究内容相关的研究群体，并且寻找研究对象、观点和态度的恰当混合体。为了涵盖适当的变化，这意味着研究者需要寻找足够多样的群体以涵盖研究问题相关的经验和态度。可以比较不同组间的讨论内容，并比较讨论是如何展开的。为了使这种比较更富有成效，在抽样阶段就构建合适的群体是必不可少的。

研究者也可以通过针对个人访谈的抽样和筛选来建构群体。如上所述，根据性别、年龄和职业等特点构建群体提供了比较的第一种方法——在特定年龄之间、不同性别之间、不同专业之间。这种抽样方式在构建群体的同时，也对单个参与者有所了解——个人也是特定群体的组成部分(青年人或老年人等)。这种抽样方式可能在研究的过程中会有所改变——例如，当你发现导致慢性疾病的原因不是性别而是社会支持时。在这种情况下，你的比较应当越来越集中，例如研究慢性疾病的社会支持经历而不是性别问题。研究中的选择和比较总是建立在直接或间接构建的群体的基础上——即使这样说，也会将特定案例与其他案例进行比较。我们将普通的案例作为一组，将单一或者不同的案例作为另一组。

最后，如果我们进行观察或人群志研究(参见 Coffey，2018)，并确定一个与我们研究问题相关的社会群体，就可以在抽样过程中构建群体。例如，我们在德国研究无家可归的青少年群体患有的慢性病时，选择了城市中无家可归的青少年经常去的地方。为了在这个地方选择特定年龄段(14—20岁的青年人)的无家可归且患有慢性疾病(多种疾病之一)的群体,我们选择了一个群体,这个群体的青少年认为自己独立于群体中的其他人或大多数人。在我们将这些人确定为一个整体以观察他们作为一个特定群体或文化时,我们便构建出一个群体,而这些人不一定会将自己或我们研究的其他人视为这一群体的一员。

构建语料库

如果我们在质性研究中被要求完成访谈或观察以外的任务,抽样的逻辑也可能发生改变。当我们将文件作为研究资料时——无论文本形式(Rapley,2018)还是图像形式(Banks,2018)——我们经常会建立一个档案集合(档案集或材料集)。在这种情况下,我们并不通过个人或情境进行抽样,而是根据现有的分析材料进行抽样。在其他研究形式当中,我们首先选择研究对象(研究谁),然后选择研究方法(某种类型的访谈形式),随后是研究资料(访谈内容),最后是分析方法(解释)。在构建语料库的时候,上述顺序发生了变化。我们首先获取了研究资料(例如,某一年的报纸),然后对研究资料进行筛选(在特定时期内有关某一主题的文章),最后是确定研究方法(例如,内容分析)。语料库可能是一系列监督医患关系的视频或者一系列医院用于日常记录的患者档案。在这种情况下抽样主要是为了发现与研究问题相关的合适范例。同样,这个语料库可以在分析初始的某一时间点建立,也可以在研究过程中根据研究资料和分析的情况进行完善。

在案例和材料内抽样

质性研究的抽样包含不同的内容:通过选择不同的个人、群体、场景和情况进行资料收集，或建立资料分析使用的语料库。在不同的方法中，收集资料和材料只是第一步。当你从受访者的回答或人生经历中选取与你的研究直接或间接相关的访谈内容时，抽样过程仍在继续。在文本中，你需要选取与研究问题相关或可以进行比较的片段（见 Coffey，2014）。因此，质性研究抽样不仅意味着选取研究案例和材料，还意味着在案例和材料中进行二次筛选。有时，为了进行详细的研究，你需要从研究样本（例如受访者）中选取特殊的案例。在申请资助时，我们曾经建立一个假设的受访者样本进行选择、访谈和分析。评审人员和资助机构建议选择和访谈两倍于我们所需受访者的数目，并从中选取最合适的案例进行**转录**（transcription）和分析。这意味着我们需要在访谈获取的材料中进行二次选择。

当研究者在报告或文章中展示研究发现时，抽样的过程仍在继续。此外，由于出版物空间和读者阅读能力的限制，你需要再次从研究中选取最具说明性、说服力、确定性和有时是争议性的材料进行分析（见 Flick，2014a，Chapter 13）。

总之，抽样是质性研究设计的关键环节，在这个环节中，研究者将缩小研究材料和案例的收集范围，从而为研究提供便于处理的和合理的抽样范围（见 Rapley，2014）。研究者应当避免使用方便抽样法，尽量选择目的性强且正式的抽样方式。同时，鲁宾（Rubin and Rubin，1995）等作者建议质性研究中的抽样应当是灵活和渐进的。这意味着你应当做好适应现场条件的准备，并且及时对资料收集过程中的发现做出反应，适时地调整一开始的抽样计划。

然而，抽样计划总是依据理论制定的（Denzin，1989，p.73），有时是研究者意图和理论兴趣的反映。在实践方面，研究者与研究领域的关系，研究者接近研究对象、情境和材料的方式都会决定研究者能否将符合理想抽样需求的案例（或材料）包含在内。

在第3章结尾处提供了抽样的例子，我们概述了研究设计的案例，其中包括了抽样决策。

澄清访问权限和必要的批准

当你进行研究计划时,如何进入研究场景是非常重要的问题。在某些情况下,你需要根据你所研究的经验和对象来选择研究领域。在关于德国无家可归青少年的健康观念的研究当中(Flick and Röhnsch,2007),我们首先需要确认这些无家可归的青少年经常在哪里活动、与同伴见面,或者寻求组织帮助。接下来最关键的一步是被这些青少年接受成为一个可以交谈的人或融入他们的日常生活——从而使访谈和观察成为可能。

在其他研究中,当需要进入组织内部开展研究时,获取组织负责人对于研究的许可是非常必要且耗费时间的。在学校或医院当中,在接触访谈对象前需要获得很多级别机构的许可。研究者同样需要澄清此次研究需要获得谁的正式许可。如果**机构审查委员会**(institutional review boards)和伦理委员会也参与其中(见第 7 章),获取他们的许可可能是一个长期复杂的过程,研究者需要尽早筹备并提供方法论和理论的澄清和承诺,尽管这些很难在研究起步时提供。最后,你应该反思与受访者建立何种形式的关系。是否有必要与受访者签署一份知情同意书,以规范匿名和资料保密的相关细节? 这种形式的**知情同意书**(informed consent)是否太过正式? 如果请受访者签署不是非常合适,应该获取谁的同意(更多细节参见 Flick,2014a,Chapter 5)?

接触研究场景、组织和个人是一个非常困难且漫长的过程。沃尔夫(Wolff,2004)描绘了你在研究场景中可能遇到的问题和策略,这些策略将帮助你进入更加复杂的组织内部。寻找接触途径并不是进入研究领域的第一步,也不是指准备一份研究相关的信息清单。这是一个持续的协商过程,有时我们需要面对研究场景的"免疫反应"(对研究持排斥的态度),基于研究者和研究场景之间的个人信任,你需要找到该场景的"守门员",他会帮助你进入该场景并找到合适的人,你还要清楚地知道你要从研究场景中获得什么。

在这种情况下,重要的是在研究场景与你可能的参与者建立知情同意的基础——每一个人都知道自己在参与一项研究,并且在任何时候都有权利和机会拒绝任何形式的个人参与(见第 7 章)。

本章的两个问题是质性研究设计的一般主题的一部分。抽样是质性研究设计的重要组成部分(见第 3 章);进入研究现场的方式决定了在具体的研究实践中,我们的研究设计能够得到多大程度的实施。

本章要点

- 质性研究与量化研究不同,通常遵循两种不同的抽样逻辑;
- 我们应该遵循一定的基本原理选择案例和材料;
- 根据研究问题和研究方法的差异,抽样可以在不同层面进行(场景、个人、事件等);
- 抽样不仅是指如何选择案例和材料,而且是指如何在案例和材料内部进行选择(例如某些陈述或部分);
- 我们需要提前规划如何接触研究场景和研究对象,有时这是一个非常困难的过程。

拓展阅读

下列文献对抽样问题进行了更加详细的讨论。沃尔夫(Wolff, 2004)概述了进入研究现场的问题和对策。

Barbour, R.(2018) *Doing Focus Groups* (Book 4 of *The SAGE Qualitative Research Kit*, 2nd ed.) London: Sage.

Brinkmann, S. and Kvale, S.(2018) *Doing Interviews* (Book 2 of *The SAGE Qualitative Research Kit*, 2nd ed.). London: Sage.

Coffey, A. (2018) *Doing Ethnography* (Book 3 of *The SAGE Qualitative Research Kit*, 2nd ed.). London: Sage.

Merkens, H. (2004) "Selection procedures, sampling, case construction", in U. Flick, E. von Kardorff and I. Steinke(eds), *A Companion to Qualitative Research*. London: Sage, pp.165—71.

Rapley, T. (2014) "Sampling strategies in qualitative research", in U. Flick (ed.), *The SAGE Handbook of Qualitative Data Analysis*. London: Sage, pp.49—63.

Rapley, T. (2018) *Doing Conversation, Discourse and Document Analysis* (Book 7 of *The SAGE Qualitative Research Kit*, 2nd ed.) London: Sage.

Rubin, H. J. and Rubin, I. S. (1995, 3rd ed. 2012) *Qualitative Interviewing*. Thousand Oaks, CA: Sage.

Wolff, S. (2004) "Ways into the field and their variants", in U. Flick, E. von Kardorff and I. Steinke (eds), *A Companion to Qualitative Research*. London: Sage, pp.195—202.

5 研究资源和研究障碍

主要内容

　导言

　研究资源

　研究障碍

　结论

学习目标

　读完本章后,您应该能够:

　● 了解更多关于如何计算研究项目资源的维度,例如时间、金钱和技能;

　● 了解进入研究场景并尝试实施研究计划时可能会遇到的障碍。

导言

　在前一章中,我们提到好的研究设计能够很好地计算和使用现有的资源。在本章中,我们将重点介绍如何为受资助的和不受资助的质性项目计算和规划资源,以实现合理预算。

研究资源

可用和必要的资源(时间、人员、技术支持、能力和经验等)是研究设计中经常被忽视的内容。**研究设计**(research proposal)通常基于研究任务和可以(实际)调配的研究资源之间的理想关系。

时间和技术资源

对于切合实际的研究计划,我建议计算涉及活动的时间成本。你可以计算项目总体的时间长度(见下文),也可以计算项目中每个活动的时间长度。所以你应该考虑到,一场90分钟的访谈差不多需要同样多的时间来确定访谈对象、约定访谈时间并抵达访谈地点。在计算转录访谈所需时间时可能存在较大差异,这取决于转录系统的精确程度。莫尔斯(Morse,1998,pp.81—82)认为,在快速转录中,录音时间是访谈时间的4倍。如果算上核对转录稿内容的时间,录音时长应当乘以6。考虑到不可预见的困难和"意外",她建议将研究时间加倍以估算完整的研究时间。如果你选取精确的转录方式("杰斐逊式"转录法:Rapley,2018;Brinkmann and Kvale,2018),时间成本将大大增加。专栏5.1给出了转录访谈更加实用的建议。如果你使用这些建议进行转录,转录结果将如专栏5.2所示。对转录内容进行最大程度的精简有利于在有限的时间内回答研究问题。

资料分析所需的时间更加难以计算。马歇尔和罗斯曼(Marshall and Rossman,2015,Chapter 6)介绍了从哪些方面测算研究所需时间。

专栏5.3复制了使用访谈和参与型观察的质性研究的时间表(来自无家可归青少年的健康观念研究)。时间表具有两个功能:在申请资助时,可以说明需要多少时间,以说服资助机构认同预算是合理的;在设计研究时,时间表将提供一个方向。

专栏 5.1 　转录规则	
布局：	
文字处理器	Word(2011 及以后的版本)
字体	Times New Roman 12
页边距	左 2,右 5
行号	5，10，15 等,每页从头开始
行距	1.5
页码	顶端靠右
访谈者	我
受访者	IP
转录：	
拼写	常规
标点	常规
停顿	短时间停顿：*；多余一秒钟：*秒数*
难以理解的部分	(incomp)
不确定部分	(abc)
大声	有注释
小声	有注释
强调	有注释
单词中断	Abc-
句子中断	Abc-
同时发言	♯abc♯
语气词	有注释(例如,感叹)
评论	有注释
口头援引	常规
缩略语	常规
匿名	用·命名

专栏5.2 转录案例		
1	I：	第一个问题是,对于您来说,健康意味着什么?(电话铃响了)您要先
2		接一下电话吗?
3	N：	不用了。
4	I：	不用了? 好的。
5	N：	健康是相对的。我认为即使是身体残疾的老年人也可以感到很健康。好吧,
6		早些时候,在我到社区工作之前,我总是说,如果一个人拥有一个和睦
7		的家庭,在这个家庭中一切都正确并恰到好处,或者说,特别干净?
8		我认为这样的人是很健康的。但是当我开始在社区工作时,对这个问
9		题有了更加深入的了解(……)。在那之前,我是汉诺威医学院的一名护
10		士,在重症监护室工作,后来来到了这里……
I=访谈者;N=护士		

在审核项目的过程中,研究工具会减少,但研究环节可能会增加,例如增加额外的样本进行比较和收集额外的资料。在这个阶段(如果之前没有考虑到),需要考虑研究目标和资源之间的关系并选取简便的方法。

在设计一个需要进行访谈转录的项目时(或者其他形式的音频资料),我们始终需要一个高质量的录音设备,并且要有一个具有脚踏开关的特殊设备进行转录。

如果决定使用 ATLAS.ti、MAXQDA 和 NVivo 等计算机软件(见Gibbs,2018)进行资料分析,在研究计划中就需要为技术准备预留足够的时间(安装、排除错误、团队成员使用该程序时的指示,等等)。

专栏 5.3　研究项目时间表

研究步骤	研究项目持续的月数																							
	1	2	3	4	5	6	7	8	9	10	11	12	13	14	15	16	17	18	19	20	21	22	23	24
文献调研	■	■	■																					
制作访谈提纲并完成预研究			■	■																				
田野调查:确定并访谈受访者					■	■	■	■	■															
转录					■	■	■	■	■															
田野调查:参与型观察					■	■	■	■	■															
撰写观察日志					■	■	■	■	■															
分析访谈资料									■	■	■	■	■											
分析观察日志												■	■	■	■	■								
结合文献验证研究结果																	■	■	■	■				
形成最终的研究报告和出版物																				■	■	■	■	■

费用

在这里,我们可以区分三种成本。首先,在受资助或委托的项目中,你需要根据工作时间为项目的工作人员提供足够的工资或报酬。你可能会需要一个专职的研究人员提供两年的服务,以及一个兼职研究人员协助完成资料收集和分析工作。为了计算研究需要多少时间,可以参阅本节中时间计算相关的内容。例如,如果是由项目成员完成转录工作,你应该预留足够的时间。每个小时或者每个月应该支付多少费用应该由具体的研究情况来定。

第二种成本是质性研究的**运行成本**(operating cost),无论是受资助的研究项目还是不受资助的研究项目,都会面临这一问题。在这里,我们可能会提到研究工具产生的成本:良好的录音设备、计算机、软件

（文字处理，以及类似 ATLAS.ti 等 CAQDAS 软件）、支持转录的音频设备、CD-ROM/录音媒介、纸张、打印机和墨水、摄像机、使用视频时的屏幕、复印费用等类似内容。在某些情况下，你需要为资料收集付费——例如，如果你必须购买文件进行分析（例如一年内的所有报纸）。有时，访谈的成本会增加，例如为受访者花费的时间付费，或支付访谈过程中产生的交通成本。如果你要提交转录稿，你就要计算每页（或每小时）转录稿所应支付的费用，以及整个研究中涉及多少页（小时）的转录内容。

第三，需要计算**宣传**（disseminatiton）成本，即需要计算参加成果汇报的会议所需的成本（差旅费、会议费等）。打印报告或者向出版商支付费用也会产生一定的成本。

表 5.1 给出了如何计算一项为期三年的研究所需的成本。表格中填写的内容取决于研究的个人需要以及工作环境（研究人员一年或一个月的工资是多少，你需要什么设备开展研究，你的研究地区的消费水平如何等）。

表 5.1　质性研究成本计算模型

预算项目	第一年	第二年	第三年
工资等			
研究者的报酬			
转录费用			
受访者的酬劳			
运行成本			
设备（技术、计算机、录音设备、软件）			
租金、家具			
材料			
打印			
差旅费			

（续表）

预算项目	第一年	第二年	第三年
资料收集			
会议			
其他成本			
……			

经验和技能

另一种成本是完成研究所需的技能。熟练掌握研究所需的方法是研究准备工作中非常重要的一步，尤其是在以下两种情况下：一是你准备使用一种初次了解的方法论；二是你已经使用过这种方法，但你的研究团队中有的人初次尝试质性研究或者使用这种方法。在这些情况下，你应该提前熟悉研究中将要使用的方法。例如，在**访谈培训**（interview training）中，所有的课题成员都可以通过角色扮演了解访谈的技巧。其他成员观看角色扮演过程并对其录像，事后共同分析录像内容并为访谈者提供建议和反馈。每个人都会轮流扮演访谈者的角色，这样，对受访者提问、追问以及非言语行为的差异都会展现出来。这种练习提供了不同访谈情况的经验，同时也提供了不同情况和研究行为之间的可比性。这些准备有助于开展上述研究中对于医生和护士的访谈。

并不是每个项目都会包含上述所有成本，例如，在一些情况下已经有可供使用的设备，有时你并不需要申请资助或者为研究人员提供额外的工资，你只需要自己搭建论文的框架等。但是为了充分地使用资助并进行规划，我们应该考虑到上述各种成本，以免不愉快的情况发生，例如时间和资源不足。

在质性网络研究中，特定的技能和态度也是必要的（研究人员在虚拟世界、社交媒体等方面的经验和开放性）。

研究障碍

设计和规划质性研究是一回事，在研究现场面对真实对象实施质性研究是另外一回事。在本节中，我们将介绍实际研究中可能会遇到的一系列研究障碍。第 8 章到第 11 章将介绍使用具体研究方法的过程中可能会遇到的特殊的问题和障碍。

无法进入研究现场

当然，我们无法预测进入研究现场时可能出现的所有问题（参见Wolff，2004），但是，我们可以区分这个问题的两个方面。首先，对于组织研究而言，研究者在接触到受访者前，需要联系不同层面的行政管理人员。每一层面的行政管理人员都有可能对组织研究持保留态度，或者是对于你的研究（话题、目的、努力等）有所保留。在每个层面，研究者都需要通过协商进入研究领域。沃尔夫（Wolff，2004，p.199）描述了在组织中做调查研究时应当避免的一系列问题。在这里我们提到"观望"的策略，将调查和决定传递给下一个（更高）级别的行政机构等。在每种情况下，你都需要针对对方提出的建议或需求做出协商和回应。一旦你的研究得到了该机构的正式批准，你就必须找到"合适"的人，——相关的、经验丰富的、信息丰富的人，——说服他们参与你的研究（例如通过访谈）。有时你会发现，一些研究对象并不接纳一些具体的研究方法（例如有的人不喜欢访谈这种形式），尽管其他人对于这种研究方法并不介意。在这种情况下，你需要明白，如果在抽样的过程中，你只把保留意见最少的人纳入研究，这意味着什么（Patton，2015，介绍了这种情况下应该使用方便抽样以及方便抽样可能带来的问题）。

其次，如果你计划在开放的研究领域开展研究，出于不同原因进入研究现场可能会变得很复杂。特别是如果你想研究难以找到或访问的人〔隐士、**难以接触的群体**（hard-to-reach groups）或**弱势群体**（vulnerable groups)],你也需要通过为这些人服务的组织找到他们。在这种情况下,你通常需要面对这个组织的"守门员",他们出于各种各样的原因,担心你的研究会对受访者产生影响,并试图保护他们免于和你接触。这种保护性措施有时是必要且合理的,甚至它可能对参与到研究中来的研究对象有益,但是这可能会使你的研究变得困难。在这种情况下,你需要和"守门员"解释为什么这个研究对于你和参与者都很重要。但是,你应该尽量避免做出难以兑现的许诺。在我们研究无家可归青少年的健康概念的课题中,我们或许能够为健康组织所提供给这个群体的健康支持提出改进建议。但是在此类改进生效之前,个体参与者可能无法从研究中获益——例如,可能因为他们已经不再是青少年了。找到进入研究领域的途径并不意味着你期望访谈的人已经完全接纳了你和你的研究问题。为了真正进入研究现场,研究者需要将自己定位成值得信赖的谈话对象,并且能够胜任自己计划完成的事情。

匹配方法和场景

在这种情况下,反思自己期待从研究场景和研究对象中获得什么也非常重要。也许你已经精心设计了研究,包括使用不同的方法,但是你会发现这对于受访者有非常大的挑战。如果你的受访者时间较为紧张(例如,在他们的工作时间进行访谈),你应该考虑是否应该根据受访者的时间安排缩短访谈时间。有时很难找到一个不受打扰的房间进行访谈,如果你在一个开放的场景展开访谈,受访者就不太可能前往你的机构进行访谈。在这种情况下,你需要根据研究场景的实际情况,调整研究设计和方法,否则在研究时间有限的情况下,你将很难收集足够多的(相关人士的)访谈资料。

忽视参与者的观点

反思参与者期望通过参与研究获得什么也非常重要。有时候他们关注某些特定形式的内容,有时他认为可能重要的内容超出了你的研究主题。在这种情况下，你应该对他们提供的信息保持开放的态度，尽管有一些内容超出了研究问题的范围，在这种情况下，你应该保持灵活并将这些信息记录下来。在聚焦研究兴趣的情况下，你应该在访谈的过程中认真对待参与者和他们的观点。

关联而非分析

在访谈的过程中，你会得到很多有趣的说法。在参与型观察中，你会看到很多你没有想到的有趣的东西等。在分析这些资料时，你需要对所收集的东西持理论和批判的视角，并且仔细审查呈现给你的内容。你应该尝试系统地分析资料：不是简单地将材料关联在一起，而是在资料当中发展结构——例如，类型——或者识别其中的模式。这样更有可能帮助你发现研究领域中，对于其成员或者其他研究者，或者是研究者本人而言未知的内容。

结论

本章中提到的研究资源和研究障碍并不是详尽无遗的。但是两者都可以为研究设计提供考虑问题的首要方向。我们将在第 8—11 章中以及"质性研究工具箱"丛书中其他相关的书籍中介绍有关方法的更多细节。

本章要点

- 质性研究的基础是不同类型的研究资源；
- 在申请资助或估算项目需求时，合理地计算质性研究资源是非常重要的；

● 进入研究现场并使研究方法适应研究场景是质性研究的主要研究障碍。

拓展阅读

下列文献对质性研究资源和问题进行了更加详细的讨论：

Flick，U.（2014）*An Introduction to Qualitative Research*，5th ed. London：Sage.

Marshall，C. and Rossman，G. B.（2015）*Designing Qualitative Research*，6th ed. Thousand Oaks，CA：Sage.

Maxwell，J. A.（2013）*Qualitative Research Design—An Interactive Approach*，3rd ed. Thousand Oaks，CA：Sage.

Wolff，S.（2004）"Ways into the field and their variants"，in U. Flick，E. von Kardorff and I. Steinke（eds），*A Companion to Qualitative Research*. London：Sage，pp.195—202.

6

质性研究的质量

主要内容

　导言

　高质量的质性研究设计

　高质量地完成质性研究

　质性研究推广

　结论

学习目标

　读完本章后,您应该能够:

　● 理解质性研究设计、执行和报告工作如何影响质性研究的质量;

　● 理解质性研究的质量如何在三个步骤中被定义和影响;

　● 质量问题主要集中在方法方面,这些问题将在后面的章节中进行详细的讨论。

导言

　在量化研究中,质量是研究设计的主要问题。在这种情况下,研究质量与标准化以及研究条件及其影响的控制密切相关。如果我们设法控制和排除令人不安的影响——来自外部或研究者自身的偏见——我们就可以不带有任何偏见地进入研究领域,并以有效、可靠和客观的方式呈现研究结果。对研究条件进行标准化,并使其独立于发放问卷和组织实验的研究者,有助于控制研究质量。

在质性研究中,研究质量的讨论并不是基于标准化和控制,因为这和质性研究的很多方法并不相容。质性研究经常被视为管理问题(见Flick,2018a)。有时它与应用某种方法的严谨性有关,但是更多情况下是与研究的整体设计有关。这使得研究过程成为决定研究质量的重要因素,也使得研究质量在以下三个方面成为研究设计将要解决的重要问题:质性研究设计阶段;进入研究领域并分析研究资料阶段;质性研究结果的传播阶段。由于后面两项活动建立在质性研究设计的基础之上,并且对于质性研究设计有非常重要的影响,因此我们将在这里一并讨论。

高质量的质性研究设计

在质性研究设计过程中,需要考虑几个起点问题,以发展、改进和保证或(简要地总结)提升研究质量。

指标

首先,质性研究(计划)的质量是建立在清晰、明确并对具体研究方法(见第 8—11 章)或设计(见第 3 章)有所反思的研究决策的基础上的。这些可以在研究过程的指标(indication)当中得到总结(见 Flick,2018a,Chapter 10)。在项目规划过程中,对总的质性研究、特定的研究路径和具体的研究方法的决策不是基于对它们的一般化认同与态度,这应该是不言自明的。方法、路径、设计和研究类型的指标应该基于对研究议题、与之相关的研究问题和该议题与总体的现有知识的反思之上(见 Flick,2018a, Table 10.1)。如果以上所有组成部分都表明使用了某种特定的方法、设计或路径是正确的,那么我们就可以在这种情况下称其为指标。研究方法、设计或路径的指标是保证其使用质量以及项目质量的重要条件。

在专业人士健康概念的案例当中,之所以要使用事件访谈是因为缺乏类似的研究,这可以通过文献研究得到清晰的答案。这也与研究问题的假设有关:可以预期的是,专业人员关于日常实践中的健康和预防知识将包括概念(什么是健康,什么是预防)和他们是否使用这些概念的情境记忆。研究问题(见第 2 章)要求研究方法能够分析概念知识及其发展与变化。在事件访谈中,这类群体会事先准备好要回答的问题,并如预期那样叙述情境。如果我们在研究过程中结合焦点小组以便将研究结果反馈到实际情境中,似乎就可以在不同层面上为我们提供额外的见解——评估来自一个小组的结果和意义。

充分性

尽管一些指标表明我们应该使用某些具体的方法,充分性意味着你仍需要反复检验某种方法或设计是否适合你的研究或问题场景。如果有必要,这意味着你需要重新设计研究计划,使其适合你的研究领域。更具体地说,充分性作为一种提高研究质量的途径,意味着你需要尽可能地准备好应用你的研究方法。你和你的研究团队需要熟悉将要使用的研究方法。在正式开展研究之前,你需要进行访谈或观察的训练。在训练的过程中,你不仅需要熟悉你所关注的研究方法,而且需要了解将要研究的问题和群体。可以根据访谈者是否能够按照访谈规则进行访谈来评估此类训练,也可以考虑这对参与者究竟意味着什么。举例来说,如果你打算通过无结构型访谈收集病人的生活史来研究患病经历(见 Flick,2014a,Chapter 18),那么你可以分析访谈内容以了解访谈者如何倾听受访者的生活经历并帮助受访者进一步叙述其经历。同时你也可以思考对于受访者而言,在叙述中呈现这样一段生活经历究竟意味着什么,以及这些内容是否能够满足你的研究需求。

当你在网络研究中运用特定的质性研究方法时,这些内容就变得非常关键——访谈内容是否充足?质性研究方法原则在网络研究过程中会有多大程度的调整和维持？这对于访谈受访者有什么影响？

保持多样性

在研究计划中，研究者需要将复杂的研究问题简化为可控的研究问题和研究设计。但是，与此同时，质性研究质量的指标是研究人员如何处置研究设计中的多样性（Flick，2018a，Chapter 7）：如何寻找各种各样能够应用于研究设计的实验？研究人员如何预见需要处理的异常案例？如何采纳研究人员的批评意见？这些增加研究设计多样性的方法不仅可以用于研究，而且可以用于设计和规划研究。

这些是研究设计过程中提升质性研究质量的三种方法。而最终能否达到高质量的质性研究水平则取决于质性研究设计在下一阶段如何付诸实践。

高质量地完成质性研究

质性研究设计的质量不仅取决于研究设计，还取决于研究过程。接下来，我们将介绍评估质性研究质量的不同方法。如下所述，在进行具有决定性的研究时，处理某些领域的标准将不那么严格。

严谨性和创造力

在试图定义质性研究质量时——例如，用标准目录和清单（详见Flick，2018a）——我们经常将使用方法和研究设计的严谨性作为质性研究设计质量定义的必要条件。严谨意味着使用方法时是严格的，研究者会始终遵循抽样方案，并始终保持数据分析的一致性。质性研究的质量就建立在方法论的严谨性上。但是对于一个好的研究而言，这些往往是不够的。我们还需要在应用方法、探索问题、采纳新的观点与视角，以及实施适合研究场景的方法与计划的过程中充分发挥创造性。一项优秀的质性研究不仅能够发现并验证预期的研究结论，而且会对所研究的人或事物产生新的理解方式。这意味着质性研究质量取决于研究现象、过程和对象过程中的（理论、概念、实践和方法的）创造性以及（方法论的）严谨性。

一致性和灵活性

在对不同案例进行比较的过程中，保持案例基本的一致性是非常必要的。例如，在访谈的过程中，我们应该以相同的方式对不同的访谈对象提出相同的问题，而不是在一些案例中遗漏相关的主题或问题。为了实现这一目标，我们需要制定和使用访谈提纲。研究者的一致性也可以用于评估其他方法。

然而，这只是问题的一个方面。当访谈是以相同的方式完成时，很容易对访谈内容进行比较，但是高质量的访谈往往与研究人员的灵活性有关，他们会调整访谈问题以适用于不同的访谈对象和具体的访谈情境。在人群志研究中，甚至灵活使用方法本身就是标准（Lüders，2004b；Hammersley and Atkinson，1995）。在对资料、片段和案例进行归类和编码时，也遵循同样的标准。因此，质性研究的质量处于一致性和灵活性的矛盾之中，无法简化为某种方法的"正确"应用方式。研究人员在多大程度上能够成功应对一致性和灵活性的矛盾，取决于他们在研究设计和规划的过程中对它们进行了多少思考。

标准和策略

回到量化研究设计的主要问题，我们发现了影响质性研究质量第三个方面的内容。我们已经有很多区分质性研究质量好坏的标准，这些标准主要基于传统的社会科学标准（可靠性、效度和客观性）。我们需要思考如何重新定义它们（例如，验证即质疑，参见 Brinkmann and Kvale，2018）或者如何重新制定新的标准［例如，**信度**（credibility）参见

Lincoln and Guba，1985]。截至目前，我们还没有就哪些标准适用于质性研究达成任何形式的共识。一个更加普遍的问题是，我们并没有定义这些标准的基准，例如，一个好的质性研究至少要具有多大的可信度（如同量化研究中的编码者间信度标准，必须超过相应编码的一定百分比才能被接受）。

与此同时，我们可以寻找一些提升质性研究质量的策略。我们可以采用三角互证、分析归纳、反例、质量管控等方式提升质性研究的质量（见 Flick，2018a）。使用这些策略能够极大地提升质性研究的质量，并对具体的研究设计产生影响。但是，这样并不能明确区分研究质量的好坏。

正如这些讨论表明的那样，我们无法在研究标准的层面对质性研究的质量问题进行普遍、清晰的解决。我们需要继续在实施标准和运用策略之间的角力中提升质性研究的质量。这一角力会对质性研究设计产生影响，同时也会受到具体的研究设计决策的影响。

质性研究推广

在质性研究中，我们只能通过研究报告评价其质量：

> 研究报告中对方法论程序的介绍与反思、对如何进入研究场景和其中的活动的叙述、丰富的文本材料、观察和访谈的转录、理论的解释和推断是评价质性研究质量的唯一方法。（Lüders，1995，p.325）

如果我们仔细思考，研究及其结论的推广将从三个方面反映质性研究的质量，并再次对研究设计产生影响。在这种情况下，一个重要的问题是，如何呈现质性研究结果才能推广到质性研究共同体之外的读者并说服他们。桑德洛夫斯基和利曼（Sandelowski and Leeman，2012）在他们撰写的《实用质性健康研究发现的写作》（Writing Usable Qualitative Health Research Findings）一文中明确指出了这一点。他们给出了展示质性研究成果的实用性建议,例如,"增强质性研究结果实用性的方法是用对于读者而言通俗易懂的语言进行写作"(2012,p.1407)。他们还建议用主题句汇报质性研究的结果,这样不仅可以呈现出访谈问题,而且可以展现出问题之间的联系以及不同受访者之间的差异性。为了使研究结果更具有相关性,作者进一步建议将它们用干预和实施的语言表述出来,以便使研究结论的实际作用更加突出(另见 Flick,2018a,Chapter 8)。

透明度

在撰写研究报告时,我们应该**公开透明地**(transparent)呈现我们是如何得出研究发现和结论的。为了提升质性研究质量,我们反复提出这一建议。这意味着需要向读者呈现研究者是如何决策的(关于方法、类型学等),是如何处理异常案例的,是如何将分析推广到普遍模式的。一份清晰的质性研究报告不仅要向读者呈现研究结果,而且还要帮助读者了解研究过程是如何展开的,研究思路是如何发展的,我们在这个过程中选择或者放弃了哪些思想。读者应该获取足够的信息以判断是否会与研究人员得出相同的结论(参见 Sandelowski and Leeman,2012)。

反馈和同伴检验

一项好的研究的第二个特征是研究人员能够从两个途径获取研究领域的反馈。一是正在研究的领域。**交流验证**(communicative validation)、反馈循环和**同伴检验**(member checks)等是检验研究准确性和充分性的重要方式。二是科研领域。研究人员是否寻求了同事的反馈意见?是否在会议或期刊中公布了初步研究结果?在进一步研究中如何回应这些反馈?这些也可以被理解为管理质性研究项目多样性的一种方式,在这种情况下,我们需要参考来自外部的观点(参见 Flick,2018a,Chapter 7)。

向受众展示

受众性(Audiencing)是与研究设计相关的问题。谁是质性研究结果和整个质性研究的受众？如何撰写文章或报告才能推广至其受众并被其受众接受？如果我们写给学术圈的受众，那么写作风格将会与写给实践领域的受众时不同，实践者希望将研究结论运用到实践当中。最后，如果我们的研究旨在对决策过程产生影响，我们就需要不同的写作风格。在后一种情况下，我们需要用简短的陈述清晰地指出最重要的研究发现及其含义，而不是让读者被过多的细节所迷惑。在第一种情况下，为了将研究结果分类并说明它们之间的相关性，细节就非常重要。

在向外展示研究成果的过程中，有三个方面的内容非常重要：首先，要使你的研究报告非常清晰；其次，你需要思考如何将研究结论展示给该研究场景以及如何回应来自研究场景的反馈；最后，你需要反思如何为特殊的受众撰写报告，以便他们能够更加容易地理解你的研究结论。

结论

研究质量在三个方面对质性研究设计来说非常重要，这三个方面是彼此关联的。如果你将质性研究设计理解为一个反思要研究什么、预期发现什么和如何分析的计划的话，这三个方面会对你的研究设计决策产生影响。

本章要点

● 质性研究的质量取决于研究的规划、实施和报告；

● 这三个步骤均与质性研究设计有关；

● 在设计质性研究时，你应该清楚为什么以及怎么样实施研究计划；

● 在研究过程中，研究质量将在三种角力中形成；

● 研究结论的推广非常重要，因为它能够将研究成果、研究场景和受众联系起来。

拓展阅读

以下三本书籍将提供有关质性研究质量的更多信息：

Flick，U.（2018）*Managing Quality in Qualitative Research*（Book 10 of *The SAGE Qualitative Research Kit*，2nd ed.）. London：Sage.

Patton，M. Q.（2015）*Qualitative Evaluation and Research Methods*，4th ed. London：Sage.

Seale，C.（1999）*The Quality of Qualitative Research*. London：Sage.

7 质性研究伦理

主要内容

学习目标

读完本章后,您应该能够:

● 了解质性研究设计相关的伦理问题;

● 了解在每一个研究设计环节中的哪些方面与质性研究伦理相关;

● 将质性研究伦理的一般性原则分解为质性研究设计的具体决策。

导言

在过去几十年中,质性研究对于伦理问题的重视程度大大提高(参见 Hopf，2004；Christians，2011；Mertens，2014，2018；Mertens and Ginsberg，2009）。研究者从不同角度探讨了研究当中的伦理问题。在很多研究当中，被研究者并不知道自己成为了研究对象，有时甚至会因为研究遭受痛苦［例如，德国纳粹集中营的医学试验和**塔斯基吉梅毒研究**（Tuskegee Syphilis Study）］；**米尔格拉姆实验**（Milgram experiment）中，被迫对他人实施电击的参与者并不知道自己成为了另一项实验的研究对象；操纵数据和结果的案例反复出现；像汉弗莱斯（Humphreys，1975）在亚群体中的秘密研究；尽管试图匿名化，但是仍然可以识别出个体或社区的人群志研究的出版物。特别是在自然科学领域，近年来出现了伪造研究数据和结果的案例。

上述滥用研究的案例引发了公众的关注，研究领域开始建构预防措施，以防类似情况再次发生。一个是学术团体制定了它们的**伦理准则**（codes of ethics）（例如，美国社会学协会伦理规范，www.asanet.org，或英国社会学协会的伦理实践声明，www.britsoc.co.uk）。另一个是大多数研究机构，如大学，都设立了机构审查委员会或伦理委员会对人文学科的研究项目进行审批。原则上，这种制度化的预防措施是避免研究出现伦理问题的重要一步，但是正如许多作者对质性或实地研究表明的那样，这些机构并不总是能解决研究的"真正"问题，在某些情况下甚至会阻碍研究水平的提升。此外，质性研究的伦理问题贯穿了研究设计和执行的整个过程。

注重伦理问题的研究具有以下几个基本原则（另见 Christians，2011，pp.65—67）：

● 知情同意意味着所有研究对象都知道自己在参与研究并且有权拒绝参与；

● 应该避免**欺骗研究对象**（deception of research participants）（如秘密观察或者在有关研究目的方面提供虚假信息）；

● 应该尊重并保护研究对象的隐私；

● 资料及解释的准确性应该是首要原则，也就是说，收集和分析资料的过程中应该避免遗漏或者欺诈的行为；

● 对于研究对象而言，尊重对方是必不可少的；

● 研究者需要考虑研究对象的福祉；

● 公平性，也就是说平衡研究对象的权利和义务之间的关系。

上述原则对于确定研究计划的方向非常重要。然而，它们并不能保证研究者免受道德困境的干扰。在本章中，我们将解决与质性研究设计相关的伦理问题。我们的目的并不是全面概述质性研究的伦理问题(更多细节参见 Flick，2014a，Chapter 5；2018a，Chapter 9)。相反，本章旨在关注研究规划、设计和实施过程中的伦理问题。

准备

对于伦理问题的反思不仅与研究领域相关，也不仅仅是提交给伦理委员会或机构审查委员会的研究提案。伦理问题应该贯穿在你考虑如何设计研究、与谁进行合作和如何实施研究的过程当中。

相关性

在研究项目的准备过程中，你需要考虑与伦理相关的一些问题。首先是各个方面的相关性。你所研究的主题是否已经"过度研究"？该领域是否已经有足够多的研究？你的研究发现能否为现有的知识库作出新的贡献？

参与者

当你寻找可能的参与者时，你需要思考将他们暴露在研究当中是否合理，尤其是当你打算研究儿童、患者、老年人或生活困难的弱势群体时。这并不意味着你不应该对这些群体进行研究，而是——就像在其他情况下一样——你需要反思是否公正地"使用"了他们。

研究者

我们发现,有时候"只管去做"是进入研究现场、发现新鲜内容、发展有趣知识的最好方式(例如,Glaser,1992;Punch,1994)。然而,我们需要仔细考虑如何为该场景的研究做准备。为了准备好进入现场接触研究对象和事件,研究者应该接受方法论的训练,知道这些方法是做什么的,以及在应用过程中会出现哪些问题。如果事后研究团队或主管会进行及时的批评反馈,那么角色扮演形式的访谈培训将有所帮助。在开放环境中与陌生人讨论敏感话题对于许多研究者来说都是挑战,如果我们能够积累一些相关的经验将非常有帮助。特别是,如果研究涉及慢性病或绝症等话题时,研究者并不容易与受访者建立联系。有关这一主题的经验和知识不仅能够帮助研究者发现该领域的成员不曾发现的东西,而且能够帮助研究者处理研究场景、研究对象和研究内容相关的问题。它也可以成为研究者与受访者或参与者建立良好伦理关系的起点。

以上三个角度——相关性、参与者、研究者——不仅仅是机构审查委员会需要审查的问题,也是研究者在规划具体的研究时应该给予考虑的。

研究问题

在设计研究问题时,我们需要考虑以下伦理问题。

研究问题的焦点

接下来的核心问题是,研究问题应当聚焦到什么程度——它是否为收集哪些必要的资料提供明确的建议?研究问题不够聚焦不仅使研究项目难以管理,而且还可能使我们收集一些不必要的资料。质性研究通常被理解为全面和开放的,因此研究问题应该在研究项目的后期进行聚焦。使用这种方法的结果是研究对象的生活和情况会被更加广泛地记录和讨论。因此,聚焦研究问题并明确研究计划能够防止参与者被"过度研究",也就是更少地向研究者暴露不必要的隐私。

对研究问题的对抗

第二个需要反思的内容是,研究问题对于潜在的参与者而言究竟意味着什么。当受访者同意参与研究并回答访谈问题时,他们将面临什么问题。例如,患有早期痴呆症的患者接受访谈是非常痛苦的,因为他们非常健忘,并且在知识、记忆和语言使用方面存在差距。在我们无家可归者的研究项目中,询问青少年无家可归的生活是如何开始的是非常困难的,因为在大多数情况下,这与一开始的家庭冲突有关。为了推进研究,这些矛盾是不可避免的,但是我们要采取预防措施以避免伤害参与者。

研究中的欺骗

第三个方面的问题与研究过程中的欺骗行为有关。目前我们已经就避免研究过程中的欺骗行为达成了共识。但是与此同时,如果我们向参与者详细地介绍研究问题的话,欺骗行为是否对于我们的研究有帮助?当然,我们应该向参与者介绍我们的研究课题,但是如果我们介绍得过于详细(例如,包括我们组间比较的假设),我们可能会使参与者产生特定的期望和刺激。如果我们考虑到这一点,"避免欺骗"的一般性原则在具体的实施细节当中将变得更加困难。

同样,我们提供了在这个研究阶段评估伦理问题的三种方法。这并不意味着我们不应该进行研究,但是我们需要反思处理这些问题的方式是否符合我们所追求的研究正当性。

进入并抽样

一旦你进入研究现场开始接触你所要研究的对象,伦理问题就开始具有实际意义。

知情同意

当我们进入研究现场并开始接触受访者时,我们应该准备一份规范的知情同意书——在任何可能的情况下。最好的方式是准备一份双边的合同,这份合同需要介绍研究目的、参与者义务(例如,参与访谈)以及资料收集的程序(存储多长时间、哪些人可以访问、如何保证匿名)。研究人员和参与者应当共同签署这份知情同意书,并且其中应该包含撤回同意的选项。为了使研究人员尽快开始使用材料进行研究,应当约定撤回同意的时间(例如,两周)。如果可能的话,合同中还应该包括是否与参与者共享研究成果。

弱势群体

在一般情况下,每位参与者都应该事先签署知情同意书。但是,也有一些例外情况。首先,经验表明,有许多人准备参与研究,但是拒绝签署知情同意书。在这种情况下,研究人员应该表明,他们已经告知参与者并且获得了参与者的同意。有时,我们会与没有签订知情同意书的对象合作——例如儿童、老人或患者。在这种情况下,我们应该明确如何保证将知情同意作为一项原则,以及是否有其他形式的替代品。在这些情况下,我们应该考虑还有哪些人能够代签知情同意书,以及这样做是否正当。

无伤害原则

当你接触受访者时,你需要确认他们不会由于参与研究而遭受任何不利、伤害或者风险。在一般情况下毋庸置疑的事情,如果究其细节就可能会成为问题。例如,如果你研究生活贫困的人群,比如无家可归的人,你更感兴趣的是这些人而不是普通人,因此,你需要寻找这些无家可归的人,并且确保他们将长时间维持这一流浪状态以便与他们进行访谈。当然,有许多行动研究希望改变参与者的生活状况,但是在这种情况下,也需要将社会问题作为基础的研究背景。

挑选

如果你在机构内部开展研究并且需要从彼此熟悉的一群人当中进行抽样访谈,他们可能会因为自己没有被抽到(他们是不是对我不感兴趣?),或者其他人没有参与研究(为什么是我?)而感到气恼。研究者需要在抽样决策中考虑到类似的情况。

收集资料

在收集资料时,我们应该意识到我们对于研究场景或研究对象可能的影响——不是从会影响研究质量的角度,而是从受访者的角度进行考虑。

干扰

第一类是研究产生的干扰——比如,在处理专业或私人事务时,阻碍受访者、该场景的成员通常不会注意的问题,或者通过索要家庭合影唤起记忆。这些干扰对于开展研究并获得知识是非常有效的，但是对于让我们进入职业或私人生活的受访者而言，却是一种烦恼。同样，这并不意味着我们不能因此开展研究，或者说我们可以完全避免类似的干扰。但是我们应该反思研究对受访者日常生活的影响，并努力尝试将这种影响降到最低。

咄咄逼人

研究是一种对话，不仅仅发生在访谈过程中。这种对话包括进入研究现场（空间和可以观察的过程）和获取信息（回答、故事、图像、文本等）。研究人员对于受访者的第一次回答和进入研究现场后的第一次收获往往并不满意，通常需要返回现场追问第二个问题并继续调研。在访谈过程中，研究人员需要了解受访者能够接纳的极限，哪些问题是受访者不能或者不愿意提及的，以及我们应该在什么情况下停止追问。同样，这在很大程度上取决于具体情况，并且很难事先制定通用的准则。但是，我们必须尊重受访者的隐私和亲密关系。

悬置前见

另一方面，参与者有时会提供我们没有预见的信息，这些信息可能对于受访者来说很重要并且对说明研究问题非常关键。同样，研究人员需要培养对于受访者提供信息的敏感性，从而了解在什么情况下我们需要处理这些问题以避免忽视这些方面。在这种情况下，我们再一次需要在聚焦研究问题和让受访者保持开放性的表述之间做平衡。

收集资料的过程是在你的研究中与你的研究对象最接近的部分，因此与研究场景和研究对象相关的伦理问题就变得非常实用和具体。

分析资料

准确性

认真分析资料并反复查验。利用方法（例如理论编码）对资料进行系统分析。在事件和人群之间进行显性比较而不是基于假设进行隐性比较。

公平性

在解释资料时你应该尽量考虑到受访者的立场。你需要注意不要将受访者视为无意识力量驱动的结果。当你收集他人的实践或陈述作为数据时，请尽量尊重受访者的意图和主观能动性。在资料之间发生冲突的时候请保持中立，特别是有很多受访者同时参与时。如果资料不是 100% 支持的，不要过度解读受访者的实践和陈述。不要急于（过度）概括，在概括模式、类型或者采用其他概括形式时需要注意异常案例。谨慎进行**内部推论**（internal generalization）——例如，通过个别陈述推断机构或群体的常规做法或特征时。

保密原则

分析资料时面临的主要问题是如何保证受访者的匿名性和隐私性。实地笔记和转录稿中不可以包含真实姓名和地点等具体信息，你需要对这些内容进行匿名化处理。在与研究团队讨论时应该尽量避免使用真实姓名，而应该使用匿名或化名进行讨论。这同样适用于地点名称和机构名称。如果你在机构中开展研究，你的受访者之间可能彼此熟悉，这个时候你需要保护受访者的隐私以防止其被同事辨认出来。

避免公开资料

研究者并不需要永久保存资料，只需要在研究过程中保存。如果你与参与者约定在一段时间后删除资料，请照此执行。如果你需要保存这些资料，请将它们保存在安全的地方，以免任何人在现实生活中将受访者识别出来。避免收集和保存与研究问题不相关的资料。

这些建议表明，我们需要严格地进行资料分析，防止参与者被识别出来以及资料被他人滥用。

写作、推广和反馈

在写作过程中，伦理问题再次以集中的形式呈现。在这个过程中，最重要的是保证研究涉及的参与者、地点和组织的匿名性。质性研究的历史中有很多受访者发现自己或自己所在的社区在研究中并没有被匿名处理（见 Punch，1994）。在这种情况下，保持对参与者的公平性以及在参与者之间保持公正立场至关重要。在写作的过程中，在引用或者提及访谈内容时需要尊重受访者。在这个过程中，你需要保持表达的多样性。避免使用具有偏向性的语言（例如，由于受访者的族裔身份或年龄）并谨慎地使用标签。在报告中准确地反映你的研究发现，不要为了满足受众需求而（即使轻微地）修改报告。尝试清晰地说明研究的进展情况并给出结论。严谨地进行概括（见上文）并介绍你使用的研究框架。如果你要将研究成果反馈给受访者，应谨慎地规划这一步。选取适合研究对象的演示方式。只对类型学进行科学介绍往往会令人困惑：如果我们用参与者不熟悉的方式介绍研究结果的话，往往会给他们带来烦恼和痛苦。所以研究者需要仔细地设计反馈程序。

质性网络研究的伦理问题

互联网研究者协会(the Association of Internet Researchers)制定了质性网络研究伦理指南(参见 aoir. org/ethics),除了质性研究中的一般伦理外,该指南还指出了三种矛盾。

● 当我们分析文本、档案时,我们需要思考这些研究是否以人为处理对象,是否需要伦理委员会评估以及如何组织评估。

● 公共/私人:文化和个人对于隐私的定义和期望始终处于暧昧、争议和变化的过程当中。人们在公共场所活动的过程中,始终对于隐私有着强烈的渴望(AoIR,2012,p.6)。

● 数据(文本)/个人:互联网将有关人格的基础研究的伦理问题复杂化了(p.6)。我们在互联网上获取的文本是人性的延伸吗? 我们如何保证匿名、隐私和保护数据(见 Tiidenberg,2018)?

这些简短的评论让人们了解到当质性研究向数字化方向发展时,研究伦理如何向更加广泛和多元的方向发展。

前景

在接下来的内容当中,我们将简要介绍一些最重要的质性研究方法。我们不是要对质性研究进行基本介绍,例如如何进行访谈,以期取代教科书。相关内容可以参见"SAGE 质性研究工具箱丛书"中的其他书籍(从比较的角度获取更加全面的介绍,参阅 Flick,2014a)。在这种情况下,我们需要将重点放在设计问题上。这些章节旨在将质性研究设计与具体方法联系起来,从而为"SAGE 质性研究工具箱丛书"中的其他书籍提供方向(Banks,2018;Barbour,2018;Coffey,2018;Gibbs,2018;Brinkmann and Kvale,2018;Rapley,2018;Flick,

2018a，2018c）。

总的来说，我们可以总结四种收集和产生质性研究资料的基本方法：

● 第一种侧重于口述资料——访谈、叙事和焦点小组。在这种情况下，要分析的资料主要是访谈或焦点小组的转录稿。

● 第二种侧重于人群志研究或观察（多数情况下为参与型观察）内容的描述。在这种情况下，需要分析的资料主要是实地笔记和备忘录等。

● 第三种主要侧重于将文档转化为（质性）社会科学资料——文本、文件、图像和电影等。在某些情况下，这些文档是在研究过程中产生的；在许多情况下，我们使用的是现有的文档。此时，我们分析的是文集或视觉材料。

● 第四，我们发现了分析上述三类材料的方法。我们可以从编码，或者叙述性，或者话语/会话分析的角度来分析这些材料。

最后，我们找到了超越单一的（资料收集或分析）方法，无论是以综合的方式（例如扎根理论），还是采用混合的方法（如三角互证和混合研究），或是将质性研究方法转移到网络研究的背景中。

本章要点

● 质性研究的伦理不仅仅是一个可以制定在准则中的普遍性的抽象问题（虽然这也是一个重要贡献）；

● 伦理问题体现于质性研究设计的各个步骤和各个阶段；

● 研究伦理问题主要体现在研究人员接触研究场景和研究对象与处理研究资料之间的两难中；

● 质性网络研究产生了新的、广泛的、多样的研究伦理问题；

● 在接触研究对象、分析资料、呈现结论和反馈结果的过程中，都需要使研究项目符合伦理标准。

拓展阅读

以下文献详细介绍了质性研究中的伦理问题，正如"SAGE 质性研究工具箱丛书"对其他方法论所做的介绍那样：

Christians, C. G. (2011) "Ethics and politics in qualitative research", in N. Denzin and Y. S. Lincoln (eds), *The SAGE Handbook of Qualitative Research*, 4th ed. Thousand Oaks, CA: Sage, pp.61—80.

Flick, U. (2014) *An Introduction to Qualitative Research*, 5th ed. London: Sage, Chapter 5.

Hopf, C. (2004) "Research ethics and qualitative research: an overview", in U. Flick, E. von Kardorff and I. Steinke (eds.), *A Companion to Qualitative Research*. London: Sage, pp.334—339.

Mertens, D. M. (2014) "Ethical use of qualitative data and findings", in U. Flick (ed.), *The SAGE Handbook of Qualitative Data Analysis*. London: Sage, pp.510—523.

Mertens, D. M. (2018) "Ethics of qualitative data collection", in U. Flick (ed.), *The SAGE Handbook of Qualitative Data Collection*. London: Sage.

Mertens, D. M. and Ginsberg, P. (eds.) (2009) *Handbook of Social Research Ethics*. Thousand Oaks, CA: Sage.

Tiidenberg, K. (2018) "Ethics in digital research", in U. Flick (ed.), *The SAGE Handbook of Qualitative Data Collection*. London: Sage.

8 口述资料

学习目标

　读完本章后,您应该能够:

● 对于收集口述的质性研究资料所使用的方法有初步了解;

● 了解使用这些方法进行研究设计时可能遇到的具体问题;

● 对于何时在质性研究中使用这些方法有初步了解。

导言

在本章和接下来的三章内容中,我们将根据前面几章中提到的研究设计问题介绍收集资料的各种方法——比如研究视角与问题、抽样、比较、推广、三角互证、研究质量、写作方式、研究所需的资源和可能遇到的障碍、基本设计和研究伦理——并简要介绍相关的应用实例。然后,在我们再次对第 12 章中的不同方法进行比较之前,我们将关注混合使用这些单个方法(三角互证和扎根理论)的问题。

访谈

访谈是质性研究的主要方法之一。我们可以采用不同的方式进行访谈（参见 Brinkmann and Kvale，2018；或 Rubin and Rubin，2012）。在大多数情况下，我们会根据访谈提纲进行访谈，该访谈提纲中包括了本次访谈需要解决的主要问题。在初步接触过程中，我们会询问潜在受访者参与的意愿并约定访谈时间（通过电话或面谈），此后我们通常只会对受访者进行一次访谈。在某些情况下，我们会采用反复访谈（纵向研究）的方法；在其他情况下，研究人员会与受访者核实研究结果。

除了这种典型的访谈形式（一次面对面访谈，一位受访者，一组开放问题），我们还有其他特殊类型的访谈形式。一种是同时与一组人基于访谈提纲进行访谈（与焦点小组不同）。还有大量关于叙事访谈的文献——这种访谈要求受访者讲述自己的故事（关于他们的生活、疾病或者类似的内容），而不是让他们单纯地回答问题。我们发现还可以混合使用这些方法——同时应用叙事访谈和问答形式的访谈（更多访谈细节，参见 Flick，2018b）。最近，一些研究会借助通信设备进行远程访谈，如电话、Skype、网络或计算机辅助访谈（见 Brinkmann and Kvale，2018），尽管这些形式都基于标准化的提问（参见 Flick，2014a，Chapter 16）。还有更专业的访谈形式——为了访谈特定群体，将人群志研究作为观察或专家访谈的一部分。在大多数情况下，访谈内容被记录或转录出来供分析使用。

在研究设计方面，鲁宾等人（Rubin and Rubin，2012）建议使用灵活、迭代、持续的设计方式，而不是采用一开始规划好的研究设计。**灵活的设计**（Flexible design）意味着你可以根据研究的进程和你在研究领域中认为有趣的研究发现调整受访者的抽样方式，以及部分访谈问题。**迭代的设计**（Iterative design）意味着你可以在几个阶段中多次修改抽样计划和访谈重点，例如，缩小研究焦点（抽样方式或研究问题）。**持续的设计**（continuous design）意味着在整个研究过程中反复进行设计,从而调整或改进研究设计。支持者甚至会建议在今后的访谈中囊括新的问题或主题。

克雷斯韦尔(Creswell,2013,pp.163—166)描述了访谈设计的九个步骤:(1)"决定研究问题",以便能在访谈中得到回答;(2)"确定受访者",对能够回答问题的受访者进行目的性抽样;(3)"确定使用哪种类型的访谈"最适合研究问题和受访者;(4)"使用适当的录音设备";(5)"设计并使用访谈提纲";(6)对问题和程序进行"预测试(pilot testing)";(7)"确定访谈地点";(8)"让受访者签署知情同意书";(9)"在访谈中采用科学的访谈程序"。鲁宾等人(Rubin and Rubin,2012)以及布林克曼和克韦尔(Brinkmann and Kvale,2015,2018)曾经给出过类似的建议。

上述内容也适合网络访谈(Salmons,2016),但是很难一步一步进行操作。特别是确定访谈地点(步骤7)这一步骤时很难进行迁移。网络访谈往往处在数字空间当中,访谈者和受访者往往不会真的见面,甚至所处的空间也不相同。马卡姆(Markham,2004)表明,我们很难识别出受访者。昵称或别名使得我们很难识别出受访者的年龄或性别。然而,这是访谈研究中的偏见,还是代表着数字时代中身份概念的转变,仍存在争议(见 Lindgren,2018;Markham,2018a,2018b)。

研究视角和理论

访谈内容的重点是受访者的个人经历,这能够帮助我们理解类似情形中的人们的经历。我们可以通过收集并分析癌症患者的自述作为癌症患者的实例。正如布林克曼和克韦尔(Brinkmann and Kvale,2018)所指出的那样,访谈的内容常常被视为建构知识的基础。在访谈中,我们并不是简单地重复或者援引现有的知识(可以被判定为真理),而是对这种情况下能够催生一部分知识的问题的互动。

大多数以访谈形式进行的研究都是以符号互动主义作为理论背景——人们在反思自己生活的过程中赋予自身行动的意义。例如,为了更好地理解慢性疾病,我们可以请患者讲述他们的患病经历并对其进行反思,在比较这些反思的过程中,我们能够形成一套理论。网络访谈通常是指拉图尔(Latour,2007)的行动者网络理论(另见 Markham,2018b)。

研究问题

在访谈中,我们可以解决有关个人经历、意义建构或者更一般性的问题(例如社会问题、政治变化、历史事件等)。我们可以在访谈中解决"是什么"和"怎么样"的问题(对于受访者而言慢性疾病意味着什么,他们如何面对自己的慢性疾病等)。在叙事的访谈中,我们可以询问受访者某些事情是如何发生、发展或变化的,但是我们不能解决"为什么"或对于某件事的态度问题。我们需要通过重点问题来处理上述内容。在访谈中,我们无法像在观察中获得的一样,直接了解互动或者实践的过程,但是我们可以通过访谈受访者以获得他的看法。

抽样

对于访谈而言,抽样的目的是找到适合访谈的对象——那些拥有与研究问题相关经验的人。大多数情况下我们采取的都是目的性抽样,随机抽样或正式抽样都是例外情况。受访者应该能够反思自身的经历,并能够通过语言表达出来,且拥有足够的时间接受访谈。在访谈中,每一个受访者都被视为一个个案,但是通常我们也会寻找一组案例,例如,一些患有特定疾病的人。抽样通常是针对特定的标准(如性别、年龄、职业等),但是我们也发现了很多其他的抽样方式。鲁宾等人(Rubin and Rubin,2012,Chapter 4)概述了选择受访者的几个阶段,首先要寻找知识丰富的人,其次需要寻找不同的观点(通过选择不同类型的受访者)和特殊的案例来拓展研究结果。在大多数情况下,访谈中的抽样是为了寻找一系列案例和经验,有时候我们需要寻找相似的案例进行比较。

正如布林克曼和克韦尔(Brinkmann and Kvale,2018)所强调的那样,访谈中的抽样不仅是指寻找访谈对象,而且是指选择合适的研究材料。这有时和转录的决策有关,甚至更多地基于分析和理解整个访谈的内容。

网络访谈的问题主要在于受访者是不是(只能)从线上招募,这也包括与此相关的案例和案例集。(如果参与者的经历与研究问题相关,但是并不是来自线上,该如何处置?)抽样是否有效,也就是能否为研究提供必要的材料则更加难以核查,因为身份可能是虚构的,我们很难仅仅通过网络所显示的身份来核查样本的结构(见 Salmons,2016)。

比较

在访谈的过程中,我们可以从不同层次进行比较。我们可以在受访者之间进行比较,例如,可以将几个患者的患病自述作为案例。随后,我们可以梳理出应对疾病成功或失败的方式。我们还能够以群体为导向进行更多的比较,例如,我们可以比较应对患病经历的性别差异。通常情况下,我们会从更基础的层面比较不同受访者对于特定问题的回答或者自述。随后,我们可以将这些比较与分样本的特征联系起来,例如,性别或年龄。访谈中另一种比较的方式是个案内部的比较:受访者如何定义健康? 他们在日常生活中是如何处理健康问题的? 然后,我们可以比较同一受访者对于不同问题的答案或自述。

在质性网络研究中,线上访谈(和参与者)可以在这种情况下(与其他网络访谈)进行比较,甚至可以与线下访谈进行比较,从而对网络访问的特定人群进行拓展。

推广

我们可以对访谈内容进行以下几种形式的推广。第一种是内部推广——我们在某种程度上假设能够从受访者访谈的陈述中推及受访者在其他情况下的所思所想。结合抽样的方法,我们可以尝试将研究发现推广到与受访者类似的情况当中。布林克曼和柯费尔(Brinkmann and

Kvale，2018)曾经区分过统计推广(对于案例数目较少且采用目的性抽样的质性研究而言,这并不常见和可行)和分析推广。在后者中,研究者需要判断在何种程度上能够将受访者的结论推及其他的群体或情况。鲁宾等人(Rubin and Rubin，2012，pp.71—76)建议选择那些能够提出新角度、新观点的受访者进行访谈,遵循完备性的原则,并在访谈后比较访谈内容的相似性和差异性,直到研究达到饱和状态,也就是说,增加访谈数量不会增加任何新的见解或观点(另见 Maxwell，2013)。

我们可以从以下两个方面思考网络访谈的推广问题——我能够将网络访谈得到的结论推广到其他可能的在线受访者吗？网络访谈的结论能够解释互联网之外的"真实"世界吗？

三角互证

尽管大多数情况下我们都使用一种单独的方法,但是还是要为大家介绍三角互证方法的不同组合。质性研究中的访谈法经常与量化研究中的调查法相结合(见 Flick，2018a)。我们也经常将访谈法与其他质性研究方法结合进行三角互证,例如人群志(访谈是人群志研究的"主要"策略之一)、参与型观察或焦点小组访谈。此外,我们还可以进行访谈内部的三角互证,例如陈述、问题和回答之间的三角互证(例如在叙事访谈当中)。菲尔丁(Fielding，2018)和弗里克(Flick，2018e)论述了线上资料和实体资料的三角互证问题,例如,网络访谈和线下访谈之间的三角互证。

研究质量

布林克曼和克韦尔(Brinkmann and Kvale，2018)就访谈的质量问题进行过广泛深入的讨论。质性研究通常采用交互验证和成员核检等方法,正如我们可以请受访者再次确认访谈内容一样。这种情况下,访谈者的主要挑战在于保持标准化和开放性之间的平衡以及访谈安排的灵活程度。同时,你需要在结构化的访谈提纲(用于比较和分析)和受访者个性化的经历之间做出平衡。其中一个重要的问题就是何时以及如何对受访者不愿意提及的内容进行**追问**（probe）。马卡姆（Markham，2009）解答了质性网络研究中的质量和意义问题。

写作

人群志中的写作具有记录（合理化）的功能，表明研究者"身处研究环境当中"，同时也希望给读者留下"身在其中"的印象，因此人群志非常注重环境和描述。通过访谈进行的研究中，写作的目的是向读者提供受访者关于研究问题的信息。这里的主要问题是如何选择要呈现的访谈内容，因为阅读整个或者长篇的访谈内容对于大多数读者而言都非常具有挑战性。布林克曼和柯费尔（Brinkmann and Kvale，2018）主张研究者撰写研究报告时应当时刻考虑读者的感受。他们认为，如何将引用融入语境、如何增强可读性以及如何兼顾真实性是写作过程中需要考虑的问题。鲁宾等人（Rubin and Rubin，2012）也解答了这一问题，但是他们认为，研究报告需要描绘受访者的生活世界，这个过程中的主要问题就是如何使研究可信——如何证明这些研究发现是基于访谈内容的，并且需要说明为什么这些结论比其他结论更合适。

基本设计

访谈方法可以嵌入不同的基本设计当中。我们发现，很多回顾性的研究会使用访谈方法，如生活史研究或叙事分析，要么作为个案研究，要么基于比较研究（参见 Brinkmann and Kvale，2018）。我们也可以在纵向研究中引入访谈方法，访谈结束后一段时间，我们可以再次询问受访者类似（甚至相同）的问题。

研究所需的资源和可能遇到的障碍

在访谈过程中，我们需要一些必要的资源。作为研究者，你应该将专业知识带到研究当中,并不断强化研究团队的专业知识。这些专业知识包括如何使用访谈提纲、如何以及何时进行追问、如何以及何时引入新话题等。为了达成上述目标,访谈训练可能会有所帮助(一位研究人员扮演受访者,访谈者用"真实"问题进行提问,用视频记录并分析角色扮演中访谈的互动过程,研究团队就答案和可能的追问方式进行探讨)。访谈的一个重要资源就是让经验丰富的人转录。在研究规划过程中,非常有必要为转录提供资源——要么给予研究团队足够的时间,要么为聘请科研助理提供足够的经费。无论选择哪一种方法,转录都会耗费大量的时间。为了使转录更加容易且效果更好,有必要提供良好的录音设备。网络访谈中的资料通常以文本的方式呈现,因此不需要转录。

找到合适的受访者是非常必要的,在很多情况下,研究者很难找到研究设计中设想的研究对象。我们需要为联系受访者并安排访谈时间预留足够的时间。然而,通常情况下,访谈者会发现他们当下的访谈对象并不是最"合适"的人选,潜在的受访者比预想的要少很多(参见Brinkmann and Kvale,2018;Rubin and Rubin,2012)。

研究伦理

签署知情同意书是每项研究必需的环节。然而,有时很难请受访者亲自签署知情同意书,特别是如果我们的访谈对象是儿童、老年人或患者时。在这种情况下,我们需要思考请谁来签署知情同意书(参见Flick,2014a,Chapter 5)。我们面临的核心问题是我们需要与受访者建立怎样的关系。鲁宾等人(Rubin and Rubin,2012)提到了这种情况下的对话合作关系。我们需要思考如何与受访者建立亲密的关系,以便能够与受访者谈论敏感甚至有时令人尴尬的问题,同时能够避免受访者产生错误的期望。研究者和受访者都应当清楚这是一种特殊的关系(研究关系而不是治疗或友谊的关系),这种关系不会为受访者带来"被抛弃"或者"被利用"的感觉。

另一个问题是保密原则——在整个研究和出版的过程中,研究人员应该如何保证受访者的匿名性(参见 Brinkmann and Kvale，2018，了解访谈伦理的更多细节)？我们在第 7 章中已经涉及质性网络研究的伦理问题,在这种情况下,研究伦理的关键问题包括签署知情同意书,并在相当开放的公共领域中保护受访者的隐私。

案例 8.1 无家可归青少年的健康问题

在无家可归青少年健康概念的研究项目当中(Flick and Röhnsch，2007),我们应用了事件访谈法(Flick，2018b)。研究问题包括无家可归青少年如何在街角生活、他们如何处理健康问题以及他们有哪些向医疗系统寻求帮助的经验。(我们已经在第 4 章中介绍了这项研究的抽样方法。)访谈结合了具体、有针对性的问题(例如,对于受访者而言,健康意味着什么)和有关特定情形和经历的叙事访谈。访谈提纲中包含了以下问题:无家可归青少年对于健康概念的理解、他们的健康经历以及他们如何处理健康问题。研究者请无家可归青少年讲述了与这些经历相关的情况。访谈包含以下内容:

- 受访者是如何开始流浪生活的;
- 受访者对健康的主观定义;
- 受访者目前的生活状况(住房、经济、饮食)及其对健康的影响;
- 受访者如何应对健康问题和健康风险(毒品、酒精和性行为)。

受访者讲述了如何开始流浪生活之后,接下来的访谈问题是:"健康对你来说意味着什么?"或者:"你是如何判断自己很健康的?你能给我描述一下当时的情况吗?"我们获得了如下回答:

> 我觉得我挺健康的,我可以自己判断……我觉得我现在就挺健康的,因为我并没有感受到疼痛,即使我感受到了疼痛,我也觉得自己很健康,因为我不想死……如果我总想着"我快死了",我可能变得更加虚弱。

我们在比较个案(青少年)时引用了这段陈述,这样做的目的是构造经验类型(作为一种概括的方式),并对访谈内容和通过公共场合中参与型观察获取的无家可归青少年的资料进行三角互证。访谈提纲只是提供了大体的方向,决定访谈质量高低的关键在于如何适应每一个受访者,以便为其提供足够的空间展示个人经历,并处理好研究者和受访者的关系。研究报告主要在于呈现与研究问题相关的案例类型(例如患病经历或与健康专业人士相关的案例),以显示该社会领域存在的社会差异。该研究的基本设计是比较研究,主要侧重于当前状况的描述(现时研究)和一些回顾性的内容(受访者是如何开始街角的流浪生活的)。该研究的主要障碍在于寻找受访对象并为他们提供一份需要公开回答的访谈提纲。即使受访者提到了非法活动,我们也需要保证匿名化处理,除此之外的一个主要的伦理问题是,除了为受访者提供投诉时能够参考的建议,我们如何避免受访者形成不合理的期望。

案例8.2 移民和成瘾问题

第二个案例介绍了在机构支持下从苏联向德国移民的过程中产生的问题。参与研究的人有着严重的毒瘾和酒瘾。正如韦斯(Weiss,1994)所说的,如果我们将访谈视为"向陌生人学习",语言将成为关键,尤其是研究人员需要访谈使用不同语言的受访者,且受访者对研究人员的语言掌握有限的情况下。在这种情况下,我们可以使用口译或笔译辅助研究,但是随着相关文献的积累,这本身就成为一个方法论问题(见 Edwards,1998;Edwards and Temple,2002;Littig and Pöchhacker,2004)。我们应该尽量让访谈过程中的翻译工作变得"隐形"以降低其对访谈过程的影响。此外,引入翻译也可能构成一种不同的研究情况,除了访谈者和受访者之外,还存在着第三类参与者——译者,我们是否也应当对他们的工作进行分析?翻译和译者的影响仅仅是收集数据过程中面临的问题吗,还是说翻译人员也应该参与(翻译)数据的分析过程?我们认为,应该让译者尽

（续表）

可能多地参与研究过程,包括翻译、转录和资料分析（见 Flick and Röhnsch,2014）。对移民的访谈平均持续 60 分钟左右,有些访谈是用德语进行的,大部分访谈是用俄语完成的。访谈提纲中的主要问题包括:与成瘾和肝炎相关的患病经历;保护措施和风险意识;寻求帮助的做法;向援助组织求助的经历和希望获得的帮助。这项研究的主要挑战在于如何接触受访者——如何接触这些难以接触的人群?这份研究设计的潜力在于,我们包括了与在援助机构工作的专业人士的专家访谈,我们的移民目标群体可能或已经在那里寻求帮助。这样我们就可以比较移民和专业人士对于同一问题的看法。

结论

从比较的视角看,访谈是一种复杂的研究方法。我们可以在基本设计中引入访谈和其他方法进行三角互证。研究问题涉及个人经历,我们应该帮助受访者了解访谈关系中的(时间和个人的)限制。

焦点小组

近几十年来,焦点小组得到了越来越多的重视。例如,该方法被用于科学研究和市场营销等更加实用的场景(详见 Barbour,2018)。它也被应用于质性网络研究(Hewson et al.,2016)。大部分关于焦点小组的方法论文章都提出了一个视角,其中包含了多个备选方案,研究人员可以根据研究目的进行选择。因此,研究者可以选择不同的焦点小组形式——受访者们知道彼此、受访者们在日常生活中互相非常熟悉,或者受访者们在参与小组的前后都不认识彼此。研究人员已经开始尝试网络焦点小组,也就是说,受访者在同一个聊天群组中接受试验或者以其他方式通过互联网交流。如果使用传统的焦点小组,研究者会面临一些与访谈和人群志不同的规划问题。

研究视角和理论

巴伯(Barbour,2018)提出了不适用焦点小组的几种研究目的,如引发叙述或衡量态度。如果你想研究受访者关于特定问题的互动情况,焦点小组会更加有效。在一些情况下,焦点小组的理论背景是符号互动主义;在其他方法当中,这种做法更倾向于话语或会话分析(见Puchta and Potter,2004;另见 Rapley,2018)。

研究问题

在科学研究中(不像在市场营销中那样),焦点小组可以用于研究许多人关于同一问题的互动情况。根据巴伯(Barbour,2018)的说法,我们可以通过焦点小组来研究敏感话题或融入难以接触到的人群,这是调查中的一个优势。

抽样

在准备焦点小组时,抽样意味着根据研究问题和预期比较对受访者进行组合。同时我们需要决定应该包括多少组受访者以及每组受访者由多少人组成。我们还需要根据研究兴趣和研究目的差异建立研究对象同质性和异质性的群体特征。在访谈中,我们可以设计抽样的不同阶段(第二阶段抽样参见 Barbour,2018),在第一次抽样后可以修改和完善抽样标准。

比较

通过焦点小组,我们可以进行两种类型的比较。我们可以比较不同的群体,例如,讨论同一问题的医生和护士。我们也可以进行组内比较——参与同一讨论的不同成员的陈述中,哪些观点发生了明显的变化? 为了使每一种类型的比较都最有效,我们需要精心挑选用于比较的群体和个人。其中更复杂的情况是对不同群体中的成员进行系统比较——类似于个案之间的比较。在焦点小组中,我们需要将小组作为一个比较的单元,并将其作为比较的中间因素。

推广

因此,焦点小组的结论在统计意义上难以推广。我们可以采取演绎的方法,也就是说我们可以从理论的层面推广焦点小组的结论。我们也可以采用内部推广的方法——调查结果在多大程度上反映了焦点小组的典型性。**外部推广**(External generalization)取决于受访群体的多样性:群体内部和群体之间的多样性越大,结果被推广的可能性就越大。

三角互证

巴伯(Barbour,2018)讨论了如何在混合研究设计中运用焦点小组,特别是与一对一访谈或量化研究相结合。在关于专业人员健康概念的研究中,我们通过焦点小组反馈研究结果,并将其作为第二种收集资料的方法(见下文)。

研究质量

与研究质量相关的问题包括记录讨论的内容、录制小组内的互动,以及激发优质讨论,并推进和聚焦讨论的技巧。抽样的质量取决于能否为研究问题寻找充足和恰当的参与者。此外,在解释和分析焦点小组时的严谨程度各不相同,因此在报告和出版物中应该向读者呈现解释和分析的过程。

写作

在引用焦点小组的陈述和结果时,我们需要汇报小组的背景和讨论的过程。研究报告不光要呈现焦点小组中涉及的内容,还需要对陈述和讨论过程进行系统分析。许多报告将焦点小组仅仅视为单一的访谈数据,像分析访谈资料那样分析焦点小组的内容(Wilkinson,1998),这样做忽视了焦点小组资料的独特性质以及获得这些资料的额外努力(与访谈相比)。

基本设计

尽管我们发现有一些研究基于某一个焦点小组(例如,Crossley,2003),但在大多数情况下,焦点小组会被用于比较研究。在回顾性研究中,焦点小组可以被用来讨论过去的事件和经历,当然它也可以成为纵向研究设计的一部分。但是在大多数情况下,焦点小组都会被用于比较研究,以了解人们对于某一问题的当下观点。

研究所需的资源和可能遇到的障碍

优质的焦点小组需要高质量的录音(麦克风、数字或磁带录音、音频或视频)和转录设备。组织焦点小组有时会很耗费时间(尤其是当你需要特定的受访者时)。我们很难避免中途退出的情况。转录和分析资料也非常耗费时间。主持和引导焦点小组的能力也是一项非常重要的资源,作为焦点小组的主持人应该能够巧妙地激发、缓和甚至终止讨论的进程。

研究伦理

当我们使用焦点小组研究弱势群体(儿童、患者)时,我们需要额外考虑到参与焦点小组对他们生活状况的影响，这也是焦点小组需要考虑的一般性问题。我们需要建立一个清晰透明的参与框架，例如，参与者有权撤回某些陈述并了解整个研究的目的。研究者需要反思受访者为什么会参与研究，以及小组中可能出现的动态和成因。如果你的受访者中有不同的族裔，这一点就尤为重要。

案例 8.3　专业人士的健康概念

在关于专业人士的健康概念研究中，我们出于两种原因，在访谈的基础上加入了焦点小组。我们想了解专业人士如何看待我们的研究问题（日常工作中的健康与预防），并且我们也想获得前期访谈的反馈。因此，我们与护士和全科医生进行了几组焦点小组调查。焦点小组的抽样方法与访谈的抽样方法一致，因为我们希望参与者保持一致。焦点小组的抽样规模较小，因为一些受访者不愿意参与，以及，还有一些受访者在开始前不久取消了约定。推广主要适用于内部，外部推广非常有限（根据我们的意图）。我们依据访谈进行三角互证，在两个阶段和结果之间进行比较有助于提升研究的整体质量。这里，焦点小组主要用于比较。由于受访者拒绝参与，或者因为其他实际问题，我们缺失了一些预期的样本，这为我们的研究带来了一些障碍。我们从市场科研机构租用了一间实验室，用于开展和记录我们的讨论。研究结果将作为整个研究报告的一部分呈现，我们重点关注参与者讨论的哪些内容能够影响我们关于专业实践的结论。考虑到伦理问题，我们决定与每个专业小组进行单独的讨论，从而避免专业冲突和分化对群组和参与者的影响。

结论

焦点小组主要用于分析和比较一组人是如何看待某一问题的。焦点小组的抽样逻辑与单独的访谈不同，我们在选择参与者时需要考虑不同小组之间的比较。通常情况下，推广的范围总是有限的，并不是非常广泛。三角互证包括访谈和其他方法。

本章要点

● 访谈和焦点小组是获取口述资料的不同方法；

● 访谈和焦点小组都有针对特定研究问题和受访者的优势和不足；

● 访谈和焦点小组遵循不同的抽样、比较和推广的逻辑。

拓展阅读

以下文献详细介绍了本章列举的方法：

Barbour，R. (2018) *Doing Focus Groups* (Book 4 of *The SAGE Qualitative Research Kit*，2nd ed.). London：Sage.

Brinkmann，S. and Kvale，S. (2018) *Doing Interviews* (Book 2 of *The SAGE Qualitative Research Kit*，2nd ed.). London：Sage.

Morgan，D. and Hoffman，K. (2018) "Focus groups"，in U. Flick (ed.)，*The SAGE Handbook of Qualitative Data Collection*. London：Sage.

Rubin，H. J. and Rubin，I. S. (2012) *Qualitative Interviewing*，3rd ed. Thousand Oaks，CA：Sage.

9 人群志和图像资料

主要内容

   导言

   人群志和观察法

   图像方法

学习目标

   读完本章后，您应该能够：

- 对于质性研究中该领域的主要方法有了初步了解；
- 了解使用这些方法完成的研究设计所具有的独特问题；
- 了解质性研究在什么情况下使用这些方法。

导言

   前一章讨论的方法旨在激发口头交流并收集口头表达的资料，尽管有时交流是通过网络进行的。采用访谈或焦点小组的好处是有明确的研究焦点，在大多数情况下，研究者只有一次与访谈对象交流的机会。但是采用这些方法的缺点是，研究者无法直接了解实践的过程，只能通过报告、叙述来描述实践。此外，访谈和焦点小组并不关注社会现实的视觉部分。本章中，我们将从两个方面拓展研究焦点。首先，我们将简要地介绍观察法、人群志和视觉材料的分析方法，并就之前章节中的相关设计问题进行讨论。

人群志和观察法

人群志是一种相当全面和复杂的研究策略,它主要基于开放场景或组织中的参与和观察。实际运用中也包括网络人群志(Hine,2000;Boellstorff et al.,2012)或数字人群志(Pink et al.,2016)。除了以某种方式(或身份)在某个场景参与或观察一段时间之外,人群志的许多定义都强调了使用不同方法的灵活性。我们发现,人群志正在从角色扮演、进入现场和收集资料转变为在写作过程中分析从研究场景中经历和发现了什么。相比质性研究的其他方法,我们对于如何开展人群志研究的方法论描述要少得多。当然,我们也发现了一些关于人群志和观察法的入门书籍对本书的议题——研究设计、研究计划、抽样等——同样重视(例如 Coffey,2018;Hammersley and Atkinson,1995)。勒孔特(LeCompte)和申苏尔(Schensul)认为研究设计和人群志研究相关:"所有优秀的人群志学者都试图创造一个整体的研究设计,在现有信息允许的情况下,尽可能详细地说明预期的活动和细节。"(1999,p.98)但是,我们也应该记住哈默斯利(Hammersley)和阿特金森(Atkinson)提出的设计人群志研究时应该注意的事项:

> 事实上,我们无法对人群志研究进行设计,人群志研究的实践中充满了出人意料的情况,通过阅读任何已发表的传记研究都可以证实这一点。除此之外,任何研究都是需要结合环境进行判断的实践活动,而不是简单地根据方法论原则进行判断。(1995,p.23)

研究视角和理论

正如科菲(Coffey,2018)所表明的那样,人群志可以将许多理论观点作为研究的起点。然而,在大多数情况下,人群志研究的兴趣在于通过参与并观察来分析社会情境是如何形成的。现在很大程度上,人群志研究与建构主义和后现代观点有关。

研究问题

同样,人群志研究可以服务于多种目的,比如进一步细化研究问题、辨别研究地点和研究对象,或者开发(更正式的)方法(Coffey,2018)。人群志更为具体的用途是记录社会过程。人群志中的研究问题应该(主要)解决观察中此时此刻的问题和情况。过去的情况可以通过它们留在机构、标志和日常活动发展中的轨迹等来研究,这些轨迹可能会影响当前的实践。

哈默斯利和阿特金森(Hammersley and Atkinson,1995)通过借鉴马林诺夫斯基(Malinowski,1922)的说法,建议使用**"预示问题"**(foreshadowed problems)这一概念,这个概念在其他情况下可以被理解为从研究现象出发形成研究问题。

抽样

抽样策略和样本规模取决于你所研究的群体和拥有的资源。然而在观察的过程中,抽样关注的焦点不是人群,而是场所和情境(与访谈和焦点小组访谈相比)。安格洛西诺(Angrosino,2007)给出的四点建议也许对于选择研究场景很有帮助:能够在研究场景中发现研究问题;研究场景应该尽可能与现有研究中的场景具有可比性;研究场景方便进入;在研究场景中进行参与型观察并不会为研究者带来太大的负担(Angrosino,2007)。尽管安格洛西诺通常在人群志的访谈部分中提到"抽样"一词,但是哈默斯利和阿特金森(Hammersley and Atkinson,1995,p.42)建议使用案例形式的**策略性抽样**(strategic sampling),尤其当你想测试或验证之前发展的理论时。研究者对于研究场景和潜在的样本场景总是持怀疑的态度,因为"人群志学者很少能够精确地说明所需场景的确切性质"(1995,p.37)。同时,他们将一种(用于抽样的)场景定义为"能够从很多角度研究在这个被命名的场景中发生的现象;案例就是从一个特定的角度看待这些现象"(1995,p.41)。因此,他们主张对案例进行目的性抽样,并从三个主要的方面对案例进行选择:时间、人物和环境。

根据上述两种选择经验资料的方法,人群志中的抽样可以分成三个步骤进行:

● 首先,应该选择研究问题可能会发生的环境作为研究的场景——如果可能的话,可以在不同场景之间进行比较;

● 其次,在研究场景中对研究案例进行(目的性)抽样,这意味着我们需要将研究场景简化为与研究问题相关的视角;

● 最后,在案例中进行抽样,也就是寻找案例中位于不同时空和不同环境中的人物和事件。

以时间和环境为导向的抽样是必要的,因为人群志研究者无法同时进行全时段和全方位的参与和观察,因此成功的人群志研究的关键在于寻找合适的时间和环境进行观察。为了选择合适的对象进行访谈和观察,研究者可以将标准化的人口统计特征作为起点(年龄、职业、性别等),随后可以通过更具有敏感性的"观察者确定的类型"和"参与者确定的类型"来改进抽样策略(Lofland,1976,引自 Hammersley and Atkinson,1995,p.50)。上述两种类型(选择哪些人物或哪些环境)的区别在于,是研究者从田野调查经验中发展而来的,还是来自受访者的建议和提示。

比较

研究者可以在人群志研究中进行不同层面的比较,这一点与抽样类似。最复杂的就是在两个研究场景之间进行比较(已经被发展为多点人群志,见 Marcus,1995)。其次是场景内部的比较——从研究问题的角度对不同的事件、情形和场合进行系统性的比较。最后是受访者之间的比较——在与某一议题(能够回答研究问题)有关的场景中,有哪些不同类型或形式的行动？预期的比较会对研究设计产生影响——在比较的情况下，应该选择什么样的资料以及如何选择资料。但是，比较是系统性资料分析的主要步骤。布洛维等人（Burawoy et al.，2000）在由布洛维提出的扩展性案例研究的概念（Burawoy，1998）的基础上，讨论了人群志研究的全球性问题。

推广

人群志通常被用于案例研究——在特定的国家或文化背景下研究特定的问题。因此，将人群志结论推广到其他情境是有一定困难的，即使能够推广，也不一定是有意为之。人群志研究的主要目的是为研究提供具体的细节。在这种情况下，马克斯韦尔（Maxwell，2013，p.137；另见 Maxwell and Chmiel，2014）对于"内部"和"外部"推广之间的区分就变得特别重要。只有当人群志中描述的实践对于案例或者案例中的某些方面具有典型性时（意味着它们不是随意的事件），对于案例中的实践的详细描述才有意义。我们通常会针对一般性和广泛性的内容举例。因此，任何人群志研究中的描述（或者其他形式的资料分析和解读）都可以进行内部推广，但是并不是所有的人群志案例研究都可以进行外部推广（对于其他情况或者完成此类任务的一般方式）。我们在网络人群志研究中也会遇到类似的问题——我们在多大程度上能够将研究发现推广到"现实世界"？如果我们的研究重点是互联网使用的文化，这可能不会成为一个问题。但是如果从更广泛的视角对互联网使用进行分析，比如，人们如何应对近期的一次诊断，就有可能将虚拟世界的发现转换到现实世界中来。

三角互证

在很多人群志研究的案例中，我们发现了相当隐含的三角互证（参见 Flick，2018b，Chapter 6）：观察、访谈、文献分析和其他形式的资料收集形式总是在实地研究中或多或少地根据实际情况结合在了一起。

三角互证可以通过两种方式与人群志研究结合在一起。在人群志研究中,可以在方法论中融入几种不同的方法(访谈、观察等),或者可以将人群志作为一种方法论与其他质性(或量化)方法(访谈、调查等)进行三角互证。网络人群志也可以与线下研究方法相结合(关于这种三角互证,参见 Fielding,2018)。

研究质量

衡量人群志质量的标准如下:首先是研究者的**长期参与**(extended participation)。在这种情况下,研究者真实地与研究对象生活了足够长的时间,能够对研究对象和研究问题进行充分的解释。其次是能够灵活使用研究方法。研究者能否通过各种研究方法对研究问题和对象产生更加全面的认识? 最后是写作水平。研究者是否解释清楚了他们的研究和发现,以及读者是否能够通过阅读,清晰地了解这些研究和发现(另见 Lüders,2004b)。安格洛西诺(Angrosino,2007)提到了由迈尔斯和休伯曼(Miles and Huberman,1994)开发的质量评价指标,并将这些指标更具体地应用于评价人群志(另见 Flick,2018a,评估质性研究质量的通用指标)。平克等人(Pink et al.,2016,pp.8—14)定义了网络人群志研究的五个质量评价标准:

● 多样性意味着可以通过多种方式运用信息技术,在文化和(技术)基础设施的帮助下,人们可以使用不同设备进行沟通。

● 非数字化中心意味着推动研究发展的,不是数字媒体及其使用方式,而是它们融入与研究问题相关的日常实践的方式。我们不应该将网络人群志方法简单地应用于研究当中,而是应该结合具体研究问题进行开发和设计。

● 研究(合作和参与)应该具有开放性的特征,因为数字文化领域将"开源"等术语作为标志。

● 与其他形式的人群志一样,反身性会推动研究的发展。

● 非正统性意味着在实地和展示研究时,要考虑其他交流方式。

写作

正如前文所述，写作是衡量人群志研究质量的核心要素。人群志研究报告有很多种不同的形式和风格（见 Clifford and Marcus，1986；van Maanen，1988），它们与一些基础性和认识论的问题息息相关，如研究的代表性和真实性、作者身份、如何帮助研究领域与研究对象发声，以及哪些内容更加适合写入研究报告。在如何构思和规划人群志研究报告方面，科菲（Coffey，2018，Chapter 7）给出了更为具体的建议。此外，她还介绍了非书面形式的人群志报告，如电影、展览或基于网络的演示。

基本设计

人群志通常将案例研究作为基本设计。它通常是对于现状的描述（或者是对于环境或问题的描述）。由于研究者在研究的过程中参与得较为深入，在一些方面，人群志非常接近纵向研究（例如，随着时间的推移收集数据），但在其他方面往往不是这样（例如，在研究告一段落后，研究者重返研究现场询问"相同"的问题）。此外，我们也看到部分人群志以比较研究的形式呈现出来，但是这样的情况比较少见。人群志的核心——参与和观察的方法——无法直接解答事件发生早期的问题。与其他方法一样，人群志学者可以通过访谈来研究过去的事件。因此，人群志的基本设计就是以对研究现象的过程分析为呈现形式的案例研究。

研究所需的资源和可能遇到的障碍

要想完成一项成功的人群志研究，灵活性、适应性和随机应变的能力对于研究者而言必不可少。如果说灵活性就是研究者能够同时运用各种方法的话，那么研究者就应该对各类方法了然于心（虽然能够做到这一点确实很困难）。另一个非常重要的资源就是记录数据所需的设备,最基本的方式是实地笔记,当然也可以通过录像或者录音的方式记录更加详细的内容。

在人群志研究中,关键的问题是如何采用不同的方式进入研究现场。最合适的研究地点可能远远超出了研究者的预算,或者非常难以进入(由于语言的障碍),或者非常难以界定(由于研究场域非常开放,或者缺乏明确的边界)等。除此之外,研究者可能会面临进入现场的各种问题,如不被所研究的成员或机构接受,或者在该领域的定位上存在问题(如找到便于进行观察的角色),抑或是无法与研究对象(或相关的成员)建立融洽的关系。另一种可能遇到的障碍是无法观察到需要研究的问题。比如,研究者想要研究的决策过程发生在无法观察的电话过程中,而不是可以观察到的会议过程中。最后,本土化和深入田野是人群志研究的关键,所以选定适当距离的研究现场并能够融入其中至关重要——这是人群志研究所需的基础,也是可能遇到的障碍。

研究伦理

与其他形式的(质性)研究相比,观察性的研究在如下两个方面与研究伦理息息相关。第一个方面是,与访谈相比,人群志研究更不易被研究对象察觉。因此,研究人员应该避免任何形式的隐蔽观察,因为在这种情况下,研究对象并不知道自己正在被研究。因此,与访谈相比,在人群志研究中确保参与者的"知情同意"(所谓"知情同意"就是参与者被告知自己正在参与某项研究,有权利同意或拒绝参与某项研究)更为困难。与此同时,第二个方面是,人群志研究需要更加深入地参与并捕捉研究对象的生活细节,这与询问特定问题、与受访者接触程度有限的访谈方法非常不同。因此,在这类研究中,维护和尊重研究对象的隐私、对研究对象进行匿名化处理要难得多。尽管研究伦理是人群志研究面临的普遍问题,但是当我们采用照片或影像作为呈现和说明研究结论的方式时,这一问题会变得更加复杂。

> **案例 9.1　无家可归青少年的健康问题**
>
> 　　在关于无家可归青少年健康问题的研究中（见 Flick and Röhnsch，2007），采用人群志方法探讨的研究问题如下：无家可归青少年如何就健康问题进行沟通？他们做了哪些（可观察的）与健康相关的活动？是否存在处理健康问题的常规模式？我们能否找到他们处理健康问题的模式？这项研究所在的城市中，能够与目标群体会面的少数几个地点决定了我们的抽样策略。具体的抽样策略是由几个标准（性别、年龄等）确定的。所以我们通过访谈进行三角互证。如何确保研究对象的匿名化是该项目在研究伦理和写作方面的主要问题，尤其是在公布药物使用情况的时候。这项研究的质量取决于我们能够在多大程度上接触到研究对象并成为其中一员（尤其是需要观察的情况下）。我们在研究报告中既描述了访谈实施的背景，又勾勒了研究对象的整体状况。

结论

　　人群志是一种在自然状态下研究目标群体和事件发展过程的方法，这要求研究者能够灵活地运用各种方法，并且对研究对象保持足够的耐心。与其他方法相比，通过人群志研究获取的资料可能并不系统，但是可以在描述的过程中尽可能地全面。因此，人群志研究可推广的程度较低，通常需要结合所研究的内容，而不是脱离地点和场景。

图像方法

　　尽管在质性研究中有使用照片（以及后来的电影）的传统——将图像看作资料本身或者记录资料的方式，但我们发现过去 20 年，无论社会学还是人类学，都有图像研究复兴和繁荣的趋势。借助图像资料或者请研究对象自己用相机记录生活（与研究问题相关的部分），都是从研究对象的角度进行观察的方式。总的来说，我们有如下四种运用图像资料的方式：研究者可以自己拍摄视频或照片（就像是做实地笔记一样）并对它们进行分析，或者他们也可以使用研究对象自己提供的资料（这些资料通常来源于日常生活，而非为了研究专门拍摄的）。当然也可以通过互联网获取研究所需的数据，比如网页。最后，我们也可以通过电视连续剧（肥皂剧）分析某一个特定的领域或主题。

研究视角和理论

班克斯（Banks，2018）介绍了图像研究相关的理论背景，例如文化研究，从而帮助我们更加深入地理解图像研究。例如，现象学会更加关注图像的背景以及图像与权力之间的关系。此外，有更加关注图像潜在内容和显在内容之间关联的方法作为理论背景，也有常人方法学作为理论背景。

研究问题

图像研究的研究问题通常采用以下形式：图像的内容是什么？它是如何产生的，又是如何流通的？这幅图像具有哪些意义？它向我们传递了哪些信息？图像阅读者从中获取了哪些信息？

抽样

研究者可以从不同的角度进行抽样：首先是图像的内容，研究者可以根据本书第 4 章介绍的原则进行筛选；其次是对比图像产生和使用背景之间的关系；最后是对比图像使用者和生产者之间与研究问题相关的关系。在电视研究中，我们需要从一档广播或电视连续剧中选择一集或者一个片段进行研究。

比 较

我们同样可以从不同角度对图像资料进行比较:第一是图像的内容,第二是图像的生产者和使用者,第三是图像生产和使用的背景。第四个角度与前三个角度息息相关,是从内容、结构、意义等方面对图像进行比较:几幅图像都是由哪些内容构成的?每一幅图像各自表达了什么意义?每一幅图像的内容和意义有什么关系?

推 广

丰富的背景内容及其所传达的独特信息是图像的优势所在。因此从图像或使用图像的研究中进行推广变得更加困难。尤其是人群志,特别注重拍摄并记录其所研究的案例。虽然对于图像的分析反映了图像所代表的独特时代背景,但是我们仍然能够借助这一背景进行有效的推广,例如,我们可以探究这些图像在哪些方面或者多大程度上代表了它们所关联的时代。

三角互证

图像研究通常与访谈法相结合,有时也会通过人群志方法对特定的生活世界进行探究。

研究质量

班克斯(Banks,2018)提出了在这种情况下评估质性研究质量的两种方法:(1)确保图像研究的特定性(针对研究的具体问题);(2)确保研究的稳健性,这可以通过方法论实现。然而,绝大多数图像研究的质量取决于其获取和分析资料的灵活性。此外,图像的研究质量还取决于拍摄及复制(印刷或展示的质量)图片的质量。

写作

如果你想恰当地呈现图像研究成果，那你很快就会遇到文字世界之外的问题。你可以通过影片呈现图像研究的结论，但是需要处理好匿名化和保密性等问题。一个具体的问题是，如何呈现在你的研究中所使用的图像，因为你可能需要采用文字以外的媒介展示研究所获取的图像。与文字相比，图像会占用更多的空间，同时也能够提供更多的背景信息，而后者也会使匿名化更加困难。

基本设计

图像研究通常用于案例研究（如人群志电影）和比较研究（如照片启发法，通常会请研究对象拍摄一些照片并就这些照片进行访谈）。尽管图像研究通常被用于纵向研究，但是也可以用于回顾性研究或者记录当时情况的现时研究。

研究所需的资源和可能遇到的障碍

研究者需要运用文本或演示文稿处理图像资料，如打印机、用于存储资料的 CD 或 DVD，或者录像带等。有时，研究者也需要回赠研究对象一些额外的图像资料副本。此外，还需要性能良好的展示图像资料的相机、媒体以及运行速度较快的计算机。当然，这些都取决于项目的预算。反复观看图像资料非常耗时，如果要制作一些副本的话，会花费更多的时间。

研究伦理

图像研究同样会遇到研究伦理的问题——如何确保知情同意，如何保证研究对象的匿名性，如何恰当地分析研究对象及他们的生活等。

当然,图像研究也会面临一些特殊性的问题。首先,在复制有关研究对象及其生活的图像的过程中,很难保证研究对象的匿名化。研究者需要更加关注匿名化的问题。如果在出版物中需要运用研究对象的照片(例如他们的家庭照片),就可能会出现许可和版权的问题。此外,图像中还可能包括其他人(研究对象的亲属),研究者可能无法征得他们的同意和许可(例如去世的故人),但是他们的权益可能会因为参与研究而受到伤害(见 Banks,2018,了解更多的细节)。

案例 9.2　电视剧中的护理影像

我们的一项研究对德国肥皂剧(类似于美国电视剧《急诊室的故事》)中的护理职业形象非常感兴趣。我们想知道这部电视剧是转变还是强化了传统的护理职业形象,它是否考虑到了护理职业的变化(例如正在转化为学术职业),以及护理和医学之间的关系是怎样的。这项研究由以下几个步骤组成。首先,我们选取了其中一集电视剧反复观看,并记录下需要进一步研究的问题。这些问题通常是不同主题的组合(例如协同合作与护理的专业概况)。接下来,我们制定了分析材料的指导原则:"护理作为产妇服务""护理作为辅助性工作",以及"护理的内外部感知"。随后我们在微分析中详细列举了15项核心内容,包括活动顺序、面部表情、手势、语调和辅助语言的特征,如演员的站位、图像的组成和相机的焦点。最后,我们找到了普遍的模式(见 Denzin,2004)。基本设计是一项案例研究(电视剧);我们使用了几种三角互证的方法(例如观众访谈)。我们重点报告了研究发现的普遍模式,而结论的推广则更为内部化。

结论

图像研究可以用于分析图像、电视剧和电影。相较于其他方法,图像研究所需的时间和物质资源可能会更多一些。研究者可以参照图像研究中的各类基本设计进行设计。我们可以基于不同的研究问题和分析重点,对图像研究进行内部或外部的推广。在出版物中引用在世或已故研究对象的照片时,我们需要考虑到他们的利益,处理好相关的研究伦理问题。

本章要点

● 人群志和图像方法能够提供更为丰富和情境化的资料;
● 当在出版物中引用研究对象的案例时,需要注意匿名化和保密性的问题;
● 当然研究者也需要采用新的和适当的方式呈现研究成果。

拓展阅读

以下书籍详细介绍了本章列举的方法:

Banks,M.（2018）*Using Visual Data in Qualitative Research*（Book 5 of *The SAGE Qualitative Research Kit*,2nd ed.）. London:Sage.

Coffey,A.（2018）*Doing Ethnography*（Book 3 of *The SAGE Qualitative Research Kit*,2nd ed.）. London:Sage.

Pink,S.,Horst,H.,Postill,J.,Hjorth,L.,Lewis,T. and Tacchi,J.（2016）*Digital Ethnography Principles and Practice*. London:Sage.

10 质性资料分析

主要内容

导言

编码和归类

会话分析、话语分析和文本分析

学习目标

读完本章后，您应该能够：

● 初步了解分析质性研究资料的主要方法；

● 了解质性研究设计的具体问题；

● 初步了解各类质性研究方法的使用情景。

导言

前文介绍的主要是资料收集方法（如访谈或焦点小组）。当然，其中也有一些综合性的方法（如特定的资料及其分析方法，例如图像资料或话语分析）。本章我们将聚焦于质性研究资料分析方法。接下来我们会介绍两种不同的资料分析方法——编码和归类，它们适用于各种质性研究资料分析，我们也会介绍更为具体的资料分析方法。

编码和归类

编码和**归类**(categorizing)适用于不同类型的质性研究资料分析,并且不局限于一种特定的资料收集方法。它们不是分析资料的唯一方式,但是最适合分析访谈、焦点小组访谈和观察的资料。计算机可以为质性研究分析提供另外一种编码的形式。计算机可以搜索相关资料,并通过对比其他资料,以及命名和归类来进行分析。这样就能理清资料结构,从而全面地理解研究问题、研究领域甚至资料本身。研究者可以一边收集资料,一边分析资料,根据资料分析结果确定如何继续收集资料。

研究视角和理论

编码和归类的理论背景是建构主义和现实主义(Gibbs,2018)。编码和归类的目的是形成扎根理论,因此编码的类属往往来源于材料而非已有理论。编码和归类主要针对的是手头现成的资料——包括已有的文本,以及访谈、焦点小组的转录文稿;它们同样也可以应用于视觉材料和网络材料。

研究问题

编码和归类适用于各种类型的研究主题。它们不太适用于解决正式结构的问题(如会话分析中特定会话类型的组织形式)。虽然可以采用编码和归类的方法进行叙事分析(见 Gibbs,2018,Chapter 5),但是很难通过编码分析叙事的内部结构和整体形态。

抽样

当采用编码和归类的方式进行分析时,抽样工作通常已经完成。

然而,质性研究抽样可能甚至应该参照资料分析的结果来进行。因此,这种形式的资料分析会对案例和材料的抽样产生影响。在分析的过程中,对案例和材料的抽样是非常重要的元素。

比较

研究者可以进行三个层面的比较:类属层面——例如,就某一个特定类属而言,我们在不同的访谈中发现了什么内容?个案层面——受访者对不同问题的看法是什么?各个类属的陈述是一致的还是相互矛盾的?个案之间——各个受访者在某个主题/类属或整个访谈中的回答有多么相似或不同?研究者同样可以从上述三个层面对焦点小组和观察进行比较。研究者可以通过排序或结构化的方式进行比较,比如借助能够呈现多个案例和类属的表格来构建类属之间的层次结构,从而实现逐个案例或依照时间顺序的比较(参见Gibbs,2018)。

推广

连续比较法可以帮助研究者从单一个案中提炼更多(或更少)的一般性陈述。为了避免过度解读,研究者需要仔细反思资料的边界以及研究所依据的样本。

三角互证

编码和归类可以与标准化资料的量化分析相结合。当然不同来源和类型的质性资料也可以进行三角互证。此外,吉布斯(Gibbs,2018)主张不同研究者将对于资料的观点进行三角互证,同时寻求受访者的验证,以便将受访者对于资料的观点纳入最终的分析。

研究质量

根据吉布斯(Gibbs，2018)的观点，资料分析质量的核心在于研究者能够批判性地评估自身对于研究资料、研究发现以及研究结论所产生的研究者效应。通过反复核检转录文本和交叉检验编码可以提高研究的可靠性。

写作

在这种情况下，写作不单单是为了向受众报告研究的结论。如备忘录、协议、实地笔记和**研究日志**(research diary)等材料均与分析过程相关，并且都是研究者写作过程的产物。一份优质的研究报告应当较好地呈现类属、基于类属所进行的分析和得出的结论，以及"原始"材料之间的关联。

基本设计

在大多数情况下，编码和归类通常基于比较设计。它既可以用于回顾性研究或纵向研究，也可以用于现时研究，因为是否使用这种方法主要取决于研究资料的类型(及其关注点和收集方式)。

研究所需的资源和可能遇到的障碍

通常情况下，资料分析是质性研究中最耗时的一个环节，它会消耗项目的大部分资源。质量较好的转录能够使资料分析更加容易，如果将转录视为良好分析的基础，那么研究者需要花费更多的时间和经费在转录环节上。运用计算机辅助质性研究分析需要具备两个条件：首先是研究者要熟悉质性研究分析软件；其次是需要分析大量的质性研究资料。研究者需要明确研究问题，并在分析中聚焦研究问题。如果在后续的分析过程中,研究资料无法支持研究发现,也会出现问题。

研究伦理

在质性研究分析过程中,匿名化和保密性依旧是研究伦理的核心问题——对于转录、分析、摘录和报告都非常重要。例如,研究者需要保证转录负责人能够遵守保密原则。在反馈结果的过程中,应该尽量避免受访者因为研究的分析内容而感到尴尬或受到伤害,要给予他们反映结果中冒犯到他们的内容的机会。研究者需要对研究对象(也许是一个机构)进行公正的分析。

案例 10.1　无家可归的青少年

在研究无家可归青少年的案例中,我们使用主题编码(Flick,2014a)的方式,选取每个受访者有关某个主题(例如健康的含义)的片段进行分析。从不同维度比较个案能够帮助研究者找出访谈的共性和差异。研究者可以根据这些维度对案例进行分组,也可以根据某些特征的组合进行分析。我们既可以比较组内案例的相似性,也可以比较组间案例的差异性。通过这种方式,我们就可以找到并分析解释性和实践性的模式。如果研究对象并没有就某个问题进行回答,分析就可能出现问题。

结论

编码和归类适用于各种类型的质性研究设计和资料类型,主要用于比较案例和资料。同一课题的不同研究者之间可以进行三角互证来扩展视角。在研究报告中,研究者需要清晰地呈现原始材料与类属或维度之间的关系。

会话分析、话语分析和文本分析

在这些质性研究分析中，资料收集通常是指挑选材料（如文本或报纸文章）和记录日常生活（如记录医生和患者之间的对话）。研究关注的往往是形式（对话是如何展开、持续和结束的，例如病历的文本结构是什么）而非内容。与会话分析相比，话语分析的重点更多在于内容。我们同样可以将访谈、观察和焦点小组访谈作为话语分析的资料来源。

研究视角和理论

在大多数情况下，常人方法学和话语理论能够为话语分析、会话分析和文本分析提供理论支持，它们通常研究如何在具体的日常生活中构建交流和实践。因此，研究者会把更多的精力放在交流的过程而非参与的个体上。在认识论层面上，这些方法基于社会建构主义以及实际情境中的（书面或口头的）语言理论。

研究问题

这类研究的主要问题是：一个特定的问题是如何在某种沟通中建构的，以及参与沟通的人采用了哪种"方法"建构了这个问题？因此，文本是人们面向某些受众、出于某种目的，并借助某些通信设备生产的特定信息。它可以是医生和患者沟通病情的一种方式，具有诊断、治疗和计划接下来的治疗手段的作用。它也可以是与患者有关的记录，如病史、诊断、治疗、预后以及报纸上与此疾病相关的公共讨论。在每种情况下，产生特定文本和结论的方法是研究的焦点。

抽样

正如拉普利(Rapley，2018)所说，研究者需要建立一个用于分析话语或文本的档案系统。抽样就是为这个档案系统选择合适的文本。在这种类型的研究中，首先要形成一个语料库，然后在这个语料库的内部进行进一步的抽样。

比较

在会话分析中，比较通常指向更抽象的模型(对话或者电话沟通是如何展开的)，这些可以与研究中的具体案例并列。研究者可以将多个样本列在一起(如咨询活动中一些对话的开头)，通过比较提炼出其中的结构和规律。文本之间的比较既侧重于内容，也侧重于结构。

推广

话语分析通常采用案例研究的形式，因此我们可以对结论进行内部推广，在大多数情况下，会话分析对谈话或对话的一般原则更加感兴趣。为此，研究者需要通过比较不同个案得出一般化的模型。

三角互证

拉普利(Rapley，2018)提出，在这种情况下，可以将文本分析和会话分析结合起来。另一种方法是将会话分析与访谈结合起来，例如，通过分析对话来理解专业实践，以及通过分析访谈来理解专业知识。

研究质量

拉普利(Rapley，2018)认为，在解释会话、话语和文本研究的过程中没有一成不变的真理。相反,研究者应该通过列举材料和分析,让读者相信他们的解释是合理可信的。另一种提高质量的方式是在研究者团队内部对文本进行同伴检验。一般来说,研究者需要在报告中说明他们是如何反复核检研究结论的,尤其是那些偏离研究发现、结论和推论的案例和材料(如类型学,见 Flick,2018a,如何协调质性研究的多样性)。

写作

根据研究问题和材料的不同,研究者可以选取不同的写作方式。在写作中需要说明是如何从材料推导出结论的,特别是在会话分析中,有时需要将非常详细的转录内容以可读性更强的方式摘录出来。过于详细的转录可能会妨碍研究的内容和背景,过于简化的转录可能会影响文章(印象)的准确性。特别是在话语分析中,写作与分析密切相关,写作甚至可以对分析产生影响(新的想法、类属或解释)。

基本设计

这类研究通常从现有的材料中提炼其所包含的内容和结构。会话分析主要是对不同例子进行比较(例如咨询互动),而话语分析主要是不同案例之间的比较。在文本分析中,我们通常采用回顾性的方法(例如,多年来诊断精神疾病的文本是如何发展的?)。

研究所需的资源和可能遇到的障碍

在会话分析中,研究者需要时间(和经费)完成转录工作(如果可能的话,可以使用较好的设备,这是另一个必要的资源)。收集相关问题的话语资料也可能非常困难和耗时。特别是如果你想获取全部的相关资料,而不是单个或者随意的案例时。在会话和文本分析中,研究者容易在分析材料结构的过程中忽略材料的内容和意义。

研究伦理

如果通过录制(音频或视频)生成研究资料,研究者需要确保研究对象知情并同意,并且在必要时停止录制。研究者需要处理好材料的匿名问题——不能让读者通过研究报告判断出任何人的身份,研究者也不能公开地谈论研究对象。同样,当研究弱势群体或敏感话题时,伦理问题会变得更加复杂(参见 Rapley,2018,Chapter 3)。

案例 10.2　咨询对话中的信任问题

在社区精神病学领域的一项研究中,研究者可以通过研究咨询对话说明对话是如何展开的。在所要分析的对话中,对话开始的方式可以设计得相当开放(例如,"您为什么来找我们?"或"发生了什么事?"或"您希望获得什么帮助?")。在其他情况下,咨询的(给定的)主题已经确定,或者已经形成了咨询对话的具体特征。与其他形式的谈话不同,这些对话的开头启动了实际的咨询关系,它们解释了我们是如何展开对话的。这些解释是基于特定情境的(例如,"你兄弟给我打了一个电话")。

在结束第一次咨询的对话时,需要遵守两个原则。首先是及时结束对话。其次,咨询师需要保证咨询关系可以持续发展。这项研究可以说明咨询对话通常会由哪些正式步骤组成。这些步骤不仅组成了对话,而且影响了客户和案例处理的方式——无论他们遇到了哪些具体问题。因此,相较内容而言,这类分析更加关注形式,但是也说明了对话的案例是如何被建构的。对话的案例及其组成部分(开头、结尾)是抽样的对象,研究设计和分析就是要比较这些组成部分。在这个过程中需要征得客户和咨询师的知情同意,并且保护好二者的隐私。此次会话分析还通过访谈案例中的咨询师完成了三角互证。

结论

虽然话语分析对内容和形式都感兴趣,但是在分析中往往更加关注对话的形式而非内容。尽管有些时候可以对文本进行回顾性的研究,但是在多数情况下,这类方法依靠案例之间的比较。在研究伦理方面,研究者需要考虑匿名化的问题,尤其是将研究结论(或案例)用于培训或其他实践目的的时候。

本章要点

- 这些质性研究资料分析方法具有开放的理论依据(如编码)和背景(会话分析中的常人方法学);
- 这些分析方法注重研究资料的内容和结构;
- 不管使用哪种分析方法,都需要进行匿名化处理。

拓展阅读

以下书籍详细介绍了本章概述的研究方法:

Flick, U.(ed.)(2014) *The SAGE Handbook of Qualitative Data Analysis*. London: Sage.

Gibbs, G. R.(2018) Analyzing Qualitative Data(Book 6 of *The SAGE Qualitative Research Kit*, 2nd ed.). London: Sage.

Rapley, T.(2018) *Doing Conversation, Discourse and Document Analysis* (Book 7 of *The SAGE Qualitative Research Kit*, 2nd ed.). London: Sage.

11 超越方法：扎根理论、三角互证和混合方法

主要内容

导言

扎根理论

三角互证和混合方法

学习目标

读完本章后,您应该能够:

● 初步了解如何运用多种方法解决质性研究问题;

● 学会运用扎根理论解决研究设计的具体问题;

● 结合前文关于每一种单一方法的介绍,了解混合研究方法和三角互证;

● 了解各类质性研究方法的使用情境。

导言

前面的章节重点介绍了一些质性研究的主要方法。这些方法都可以单独使用。也就是说,如果使用访谈法进行研究(见 Brinkmann and Kvale,2018),研究者只需要运用和访谈相关的理论和方法,并且可以通过比较的方式恰当地分析资料(见 Gibbs,2018)。当然,在某些情况下,不同方法之间可以在一个更综合的背景下嵌套使用。例如,扎根理

论就是这样一种更综合的背景,除非将扎根理论简化为资料编码的程序,因为在一般情况下,扎根理论更像是一个研究方案而非研究方法。它包括理论、抽样、质量和分析,在扎根理论中可以同时运用多种方法(如访谈或观察)或不同方法的组合(见 Flick,2018c)。与此同时,我们也可以在一些组合方法中使用某种特定的方法(如特定的访谈形式)——既可以是其他的质性研究方法(三角互证),也可以是质性和量化方法的结合(混合研究方法,见 Flick,2018b)。在本章中,我们将从前文中运用的视角审视各类研究方法的综合使用。

扎根理论

扎根理论是质性研究的主要方法之一。尽管研究者只运用了扎根理论的分析方法(有关扎根理论编码,详见 Gibbs,2018),但是它并不仅仅是一种方法。它更像是一个研究方案——具有独特的目标(从经验材料中发展理论),由不同部分组成(特定的抽样方法),以及对于研究过程的特定理解(详见 Flick,2018c)。它还包括如何具体地进行扎根理论研究的几种选择——格拉泽和斯特劳斯(Glaser and Strauss,1967)、斯特劳斯(Strauss,1987)、格拉泽(Glaser,1992)以及查尔马兹(Charmaz,2014)的版本可以视为竞争性的而非补充性的方法。然而,我们对于这些研究设计的变种缺乏讨论。为了解决这一问题,我们将运用之前章节重点关注的内容(参见 Flick,2018f)。

研究视角和理论

扎根理论旨在发展与某个问题相关的理论,这个问题可能到目前为止没有得到理论解释(即没有理论可用),我们在开始扎根理论研究时通常会忽视或不使用现有理论和文献(例如 Glaser and Strauss,1967)。然而最近也有讨论(例如 Dunne,2011;或 Thornberg and

Charmaz，2014)指出，对于以前从事过研究工作或者正在读博士的研究者而言，这是不现实也是不可行的(Dunne，2011)。研究者需要根据研究问题选择相关的理论。当然，我们也可以运用建构主义的方法(Charmaz，2014)。作为一种方法论理论，扎根理论及其变体正在塑造着质性研究。扎根理论通常从研究问题的主观感性认识出发，经常在实地研究中使用访谈法或人群志方法(见 Charmaz，2014)。由于扎根理论是为了解释研究现象，因此相关讨论非常注重它与描述性的人群志的区别。

研究问题

扎根理论能够解释隐含的现象，例如，医生为什么不在公开场合告诉患者及其亲属患者即将离世的消息(见 Glaser and Strauss，1965)。如何追问取决于研究问题，但研究终究是为了发展理论。在很多情况下，研究者不一定在开始时就提出明确的研究问题，而是在进入研究现场后逐步提出具体的研究问题。因此，研究问题并不是扎根理论关注的重点。

抽样

扎根理论通常采用理论性抽样。然而，正如莫尔斯(Morse，2007)所强调的那样，理论性抽样只是扎根理论的一种抽样策略，并且通常运用于研究过程的高级阶段。理论性抽样有助于进一步发展和证实材料中提炼出来的类属，并且有助于完善理论。在扎根理论研究的早期阶段，通常采用目的性抽样。

比较

扎根理论的核心要素是连续比较法(Glaser，1969)，研究者需要不断地比较陈述、观察、案例、情境和现象等，从而获得进一步的见解。这里所说的比较不仅限于案例和受访者,研究者还需要灵活使用比较方法,这也是扎根理论最强的启发元素之一。

推广

与详细描述现象的案例相比,扎根理论所发展的理论本身就是一种推广,因为需要在不同情况和条件下对结果进行分析。扎根理论发展出的两种理论能够促进这种形式的概括。格拉泽和斯特劳斯(Glaser and Strauss,1965)区分了"实质"理论——有关研究现象的理论(关于垂死和死亡的交流)——以及形式理论。当实质理论通过整合其他领域的类似现象而得以拓展时,就会发展出这些理论。在格拉泽和斯特劳斯的研究案例中,交流情境——一个不太了解情况的人试图从熟悉情况的人那里获取信息——可以在类似二手车交易的场景中识别出来。形式理论是指一般的谈判;实质理论是指关于死亡和垂死的讨论。

三角互证

对于扎根理论而言,三角互证也不是基础的方法论问题。然而,研究者对于扎根理论运用三角互证的比重持有不同的观点。在这些情况下,三角互证通常隐含在研究当中。当然,学界也在讨论如何在扎根理论中运用三角互证的方法(参见 Flick,2018c,2018f)。在护理学研究中,我们发现了很多三角互证的例子,如运用海德格尔诠释学(Wilson and Hutchinson,1991)或诠释现象学(Annells,2006)与扎根理论进行三角互证。

研究质量

科尔宾和斯特劳斯(Corbin and Strauss,1990)以及查尔马兹(Charmaz,2014)介绍了扎根理论的研究标准。第一组标准非常注重方法的组成部分和应用步骤（例如，是否采用理论性抽样，是否确定了核心概念），第二组标准更加侧重内容（内容的相关性和原创性如何，参见 Flick，2018c）。

写作

写作是扎根理论研究过程的核心要素，它不仅与呈现研究结果的方式相关，也是资料收集和分析过程的重要组成部分，查尔马兹（Charmaz，2014）强调了写作备忘录的重要性。备忘录是形成类属和分析的关键步骤，可以用于理论写作、研究发现和出版物。

基本设计

扎根理论不仅局限于第 3 章所提到的一种基本设计。虽然有基于扎根理论的案例研究，或者可以从案例研究中发展理论，但是扎根理论关注的主要是比较研究，比较的维度可以在研究过程中发展、改变和调整。我们发现，大多数扎根理论研究关注的是当前的状态，而不是回顾性研究或纵向研究，尽管这两种研究也可以与扎根理论相结合。

研究所需的资源和可能遇到的障碍

一方面，扎根理论研究需要较少的资源。CAQDAS 软件，如ATLAS.ti，是根据格拉泽和斯特劳斯（Glaser and Strauss，1967；参见 Gibbs，2018）的方法开发的软件，研究者可以运用这一软件进行分析。然而，研究者也可以不借助任何软件进行分析。对于扎根理论研究而言，更重要的是研究者进入实地的能力，他们需要了解相关的现象、情境和参与者，从中识别出理论相关的内容，并提炼出关键的编码和类属。扎根理论需要区分哪些内容是相关的，哪些内容不太相关，这就需要灵活性和直觉等技能。这些技能是实地研究经验的产物。对于初学者和更一般的研究者而言，缺少这些技能可能会为研究带来障碍。

研究伦理

在扎根理论中,研究过程中开放性的一个方面是,在其他方法中,许多决定在一开始就采取了,这可能成为研究提案或伦理委员会的建议的一部分,而且它们都可以在实地研究中灵活调整。然而,研究者也需要保证研究对象的隐私和知情同意。

案例 11.1　慢性病、性别和身份认同

查尔马兹(Charmaz,1997)运用扎根理论研究了慢性病患者的性别和身份认同问题,他提出了以下研究问题:"成功的男性在面临死亡时有什么想法?他对自己的看法有哪些改变?面对长期不确定的生活,男性会有哪些身份认同困境?"她对20名患有慢性病的男性进行了40次访谈,同时对患有慢性病的女性进行了80次访谈作为对照。她主要研究了男性的慢性病患病经历的四个主要问题:(1)病危后死亡;(2)意识到患有慢性病的长期后果的男性会接纳不确定性;(3)如何定义患病和残疾;(4)在经历变化和损失的同时保持自我认同的连贯性(1997,p.38)。这项扎根理论研究的核心内容是男性在面对慢性病和残疾时是怎么样维护自我认同或陷入抑郁症的:"等待死亡时,生活变得非常艰难。"(1997,p.57)

结论

与访谈和人群志相比,扎根理论是一种更为全面的方法。与其他方法相比,它有特定的目标和更为灵活开放的研究概念。虽然这有助于改进研究,但也可能是初学者可能遇到的障碍。研究设计等概念在开始时非常模糊,但是会随着研究的深入变得具体起来(参见 Becker et al.,1961,Chapter 3)。

三角互证和混合方法

三角互证和混合方法是指混合使用质性或量化研究方法的做法。区别在于混合方法主要（至少是大多数情况下）侧重于质性研究方法与量化研究方法相结合，而三角互证侧重于混合使用多种质性研究方法（参见 Flick，2018b，了解两个概念的更多细节），虽然三角互证也可以与量化研究方法相结合（参见 Kelle and Erzberger，2004）。两种形式的组合都会带来很多设计问题，且不仅限于对几种方法的使用。特别是，三角互证中也包括与所用方法相联系的理论观点的结合（参见 Flick，2018b）。

研究视角和理论

方法论的结合不仅局限于一种理论方法或研究视角。在很多情况下，研究者会结合两种不同的理论或观点。那么研究者需要考虑这些观点（或方法）在多大程度上相互兼容，以及它们在多大程度上得到了充分考虑？在这种情况下，理论和观点指向的是研究问题——如何运用每种方法进行构思？与此同时，研究者也需要考虑各种方法论理论和视角的结合：是否考虑到了不同方法论之间的差异以及对于研究问题理解的差异？

研究问题

研究问题需要确定是否结合不同研究方法以及结合哪些研究方法。然而，正如布里曼（Bryman，2007）所说，这种关系在研究实践中往往是相反的。通过访谈研究人员，他发现使用混合研究方法的偏好决定了如何形成甚至选择研究问题。传统的理解（研究问题决定了如何选择和结合不同方法）其实是个例外。布里曼（Bryman，2006）分析了期刊文章使用混合方法的情况,他发现,现有研究成果只是结合了相当有限的方法(主要是问卷调查和访谈法)。总而言之,不可能针对方法的结合提出特殊类型的研究问题。重要的是,研究问题在多大程度上需要结合不同的方法以及需要结合哪些方法。研究问题在多大程度上影响了这些决策?我们可以进一步区分使用混合研究方法研究一个整体问题与分别使用单一研究方法研究问题之间的差异。

抽样

在很多情况下,三角互证和混合方法需要不同的抽样策略(参见Flick,2018b)。在访谈法中,我们通常对受访者进行抽样(通常采用目的性抽样,参见第4章);在观察法中,我们通常对情境进行抽样,而在问卷调查中,我们通常采用随机抽样。研究者需要考虑不同研究方法的抽样逻辑以及样本作为整体的含义是什么。在这样的研究中,研究者需要考虑两个样本之间是否存在重叠,以及在研究中是否存在相互独立的样本。

比较

方法之间的组合拓展了比较的维度。在访谈和观察的三角互证中,我们可以比较:(1)所有受访者的陈述(或叙述……);(2)所有的观察;(3)受访者在访谈中的陈述、研究者观察到的事实以及实地中其他人的观点。我们还可以比较从访谈和观察中发现的趋势。例如,通过结合访谈法和问卷调查法,我们可以比较单次访谈和多次访谈中叙述的内容是否一致,以及回答情况的频率和分布如何。

推广

例如,通过量化研究中问卷调查的代表性样本的类型分布,可以补充质性研究中数量有限的访谈所推广出的类型。然而,这种统计推广通常很棘手而且并不一定充分(见 Maxwell，2013)。在三角互证或混合方法中对单独应用的方法进行结论的推广相对简单，但是如果将方法结合起来，就会使推广变得困难。例如，如果通过访谈和问卷调查进行三角互证，研究者需要确认这两种研究方法对研究问题的认识是否相同。当我们设计量化研究时已经知道了质性研究的结果，但是在设计质性研究时可能情况并非总是如此。

三角互证

在这种情况下，研究者需要想清楚三角互证的目的——是用一种方法验证另一种方法的结果，还是拓展有关研究问题的认识？ 哪一种方法的结合更适合达成研究目的和回答研究问题？

研究质量

在综合使用各种方法时会出现以下三个方面的质量问题：(1)就每种方法而言，访谈是否恰当(Brinkmann and Kvale，2018)？ 混合研究方法的问卷部分是否符合信度和效度要求？ 访谈的质量是否被充分地管控？ (见 Flick，2018a)？ (2)混合方法和三角互证是否得到了充分的规划和实现(见 Flick，2018b)？ (3)为了满足质量的多样性要求，是否适当地结合了质性研究方法和量化研究方法？

写作

三角互证和混合方法写作需要注意以下问题：(1)两种研究方法的结论都需要呈现，并被给予充足的空间。(2)需要详细介绍每种方法的结论是如何产生的。(3)需要采用不同的方式呈现不同方法的研究结果——通过表格呈现量化研究结果，通过图像呈现图像研究结果，通过引用简略地呈现访谈的类型或形式。(4)在写作中需要说明为什么在研究中要进行方法的组合。

基本设计

尽管三角互证和混合方法可以与案例研究相结合,但是第 3 章中介绍的五种基本设计主要是比较研究,有时也会与纵向研究相结合,但是更多是对当前情境的研究(现时研究设计)。

研究所需的资源和可能遇到的障碍

如果研究者想要结合不同的方法持续地进行三角互证,那么研究所需的资源就会大大增加。例如,研究者需要组建一支掌握不同研究方法的团队,并且所需的时间也会比使用单独一种方法要长。在期刊上发表研究结果的时候可能会遇到问题,因为需要详细地介绍研究所使用的每一种研究方法。不同的方法之间可能会产生矛盾,例如,它们可能需要不同的抽样方法来评估研究的质量。

研究伦理

在综合使用不同研究方法时,需要考虑到每一种方法的研究伦理问题——从知情同意、隐私到数据保护问题。强迫研究对象配合多种方法的研究,可能会导致混合方法独特的伦理问题,尤其当研究对象是弱势群体的成员时。是否需要在访谈的基础上运用其他研究方法? 接受问卷调查是不是额外的负担? 最后一个伦理问题是综合使用多种研究方法的原因——对于解答所有研究问题真的有必要吗?

案例 11.2　移民和长期失业

在最近的一项研究中(见 Flick et al.,2017),我们对俄罗斯和土耳其的移民在德国的长期失业经历感兴趣。在访谈中(见 Flick,2018b),我们询问了受访者的移民经历,了解了他们对于工作和失业

（续表）

的理解,找工作、失业以及他们在就业中心寻求帮助的经历。就业中心工作人员在专家访谈中讲述了与移民接触的经历,估计了这些移民找到工作的概率,同时介绍了他们在找工作过程中可能遇到的障碍及其可能的原因,补充了我们对于这一问题的认识。第三种研究方法是对研究对象进行参与型观察(见 Kusenbach,2018),研究者在日常生活中观察他们的社交空间。通过结合不同的方法,我们能够了解双方(移民和就业中心的员工)成功或失败的支持关系,并有效地结合实践(日常生活的参与型观察)和信息(访谈)。

结论

三角互证和混合研究方法在很多方面都会面临与单一研究方法相同的挑战。然而,综合(充分)运用不同研究方法可能会产生或增加新的挑战。主要问题是,为什么要综合运用不同的研究方法以及混合方法的自反性和敏感性如何。

本章要点

● 扎根理论、三角互证和混合方法能够为产生和使用口述资料或视觉资料提供背景;

● 对于特定的研究问题和研究对象,两种方法有各自的优势和局限;

● 扎根理论、三角互证和混合方法还遵循抽样、比较、推广等具体的逻辑方法。

拓展阅读

以下书籍详细介绍了本章列举的相关方法：

Flick，U.(2018) *Doing Grounded Theory*(Book 8 of *The SAGE Qualitative Research Kit*，2nd ed.). London：Sage.

Flick，U.(2018) *Doing Triangulation and Mixed Methods*(Book 9 of *The SAGE Qualitative Research Kit*，2nd ed.). London：Sage.

12 质性研究设计：一些结论

主要内容

　　研究方法和基本设计

　　质性研究方法中的研究设计问题

　　明确设计问题:撰写研究提案

学习目标

　　读完本章后,您应该能够:

● 能够运用质性研究方法进行研究设计;

● 了解运用这些方法进行研究设计可能遇到的具体问题;

● 了解研究计划对于明确研究提案的作用(反之亦然);

● 对撰写研究提案有一些了解。

研究方法和基本设计

　　在前面四章中,我们总结了前面章节中质性研究设计可能会遇到的问题,并将这些问题应用于"SAGE 质性研究工具箱丛书"中其他书所详细介绍的质性研究方法。

　　为了解决这些问题,我们需要采取以下两个步骤:首先,我们需要将不同的研究方法放在我们在前文(见图 3.4)中提到过的质性研究基本设计的两个轴上。在图 12.1 中,每种研究方法都位于最常用的基本

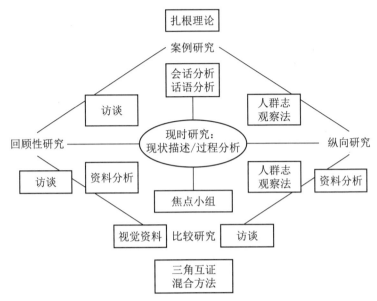

图 12.1　质性研究的方法及基本设计

设计附近。一些方法不止出现过一次，它们可以被灵活地运用于不同的基本设计中，其他研究方法通常只运用于一种基本设计。我们发现，人群志位于案例研究、纵向研究、现时研究以及比较研究所组成的维度里。访谈几乎可以运用于所有的基本设计及其组合，当然也可以作为数据分析的方法。话语分析通常运用于案例研究设计，而焦点小组主要用于比较研究中的现时研究设计。

　　这幅图粗略地展示了不同方法和研究设计之间的联系。本书和"SAGE 质性研究工具箱丛书"介绍了每种研究方法最重要的设计问题。

质性研究方法中的研究设计问题

　　表 12.1 总结了前四章中提到的每种研究方法的设计问题。通过阅读表格，研究者可以了解研究设计中最重要或最困难的问题。

表 12.1 质性研究方法和设计问题

设计问题	访谈	焦点小组	人群志	图像方法	资料编码和归类	会话和话语分析	扎根理论	三角互证和混合方法
研究视角	主观观点	关于某个话题的小组互动	描述社会环境	图像的内容和结构	理论发展	进行中的沟通	理论发展	从不同角度理解研究现象
理论	符号互动主义	符号互动主义、话语理论	后现代主义、建构主义	文化研究、常人方法学	现实主义、建构主义	常人方法学、话语理论	主观观点、建构主义	不同方法的理论组合
研究问题	个人经验及意义	敏感话题	社会过程、预示问题	图像的形式、内容和意义	各种内容、不强调结构	沟通的形式和方法	发展有关潜在现象的理论	是否需要组合方法来解决研究问题？
抽样	人群作为案例	小组和参与者	地点、案例、案例内；研究地点之间、研究地点内部、研究对象	图像、图像生产者	在材料内抽样	建立资料档案	对研究对象和研究地点进行理论性抽样	是否考虑到不同方法的抽样逻辑？
比较	案例或维度	组内和组间	案例和类属之内或之间	图像的受众、图像的用途	在已有的模型上发展		连续比较	不同方法结论之间的比较

(续表)

设计问题	访谈	焦点小组	人群志	图像方法	资料编码和归类	会话和话语分析	扎根理论	三角互证和混合方法
推广	内部推广或分析性推广至他人	内部推广或分析推广	内部推广或分析推广	由于图片背景产生的内部推广	在资料或样本范围内连续比较	案例研究或一般原则	发展实质和形式理论	统计或者理论推广？
三角互证	深度访谈和同伴检验	混合方法：访谈法	隐含访谈档案	访谈，人群志	同伴检验	文本或访谈	隐含在方法中，与其他方法一起	用于确认或拓展研究结果
质量		中立录音、转录	长期观察，灵活性	独特性、稳健性、材料质量	自反性、可靠性、同伴检验	可信性、同伴检验、反例	核检研究步骤、原创性、相关性	方法之间的配合是否充分？
写作	说明原始材料与结论之间的关联	小组参与者的背景信息	详细介绍实地和媒介不仅是文本	图像呈现、媒介介而不仅是文本	说明资料类属之间关联	可读性强的示例	研究备忘录和理论发展过程	介绍每一种方法并说明结合这些方法的原因
基本设计	比较研究，回顾性研究	比较研究，现时研究	案例研究	案例研究	比较研究	现时研究，比较研究	大部分是现时研究和比较研究	大部分是现时研究和比较研究

146

（续表）

设计问题	访谈	焦点小组	人群志	图像方法	资料编码和归类	会话和话语分析	扎根理论	三角互证和混合方法
所需的资源	访谈经验,转录	录制设备	进入研究现场,文件	数字媒体,反复阅读材料的时间	转录,计算机,软件知识	录音和访谈	灵活性,直觉,CAQDAS	掌握不同方法的研究团队
可能的障碍	找到"合适"的个案	找到"合适"的参与者,中途退出的受访者	了解"隐藏"的模式	充分展示材料的方式	丢失资料,不聚焦	内容和形式之间的关系	开放式研究可能给研究者带来挑战	方法之间的矛盾（例如抽样）
研究伦理	知情同意,保密性,处理好与受访者的关系	弱势群体,团体动力学	知情同意,匿名化	对图像中的（其他）人进行匿名处理,图像的背景信息	保密性,匿名,研究结果,公正性	知情同意,匿名化	研究过程具有开放性,很难预估伦理问题	是否反馈结果,过度挑战参与者?
拓展阅读	Brinkmann and Kval (2018)	Barbour (2018)	Coffey(2018)	Banks(2018)	Gibbs(2018)	Rapley (2018)	Flick(2018c)	Flick(2018a, 2018b)

明确设计问题：撰写研究提案

本书概述了完成研究设计的相关问题。其他专著认为，研究设计与撰写研究提案密切相关，有时也会将两者等同起来（例如 Creswell，2012）。任何类型的质性研究方法都需要进行研究设计（尽管其具体化、结构化和形式化的程度可能根据不同方法而不同）。如果要申请项目经费或机构审查委员会、博士答辩委员会的许可，研究设计就意义重大。在任何情况下，撰写研究提案都有助于明确并细化研究设计。接下来，我将介绍如何将研究设计撰写为研究提案。

研究提案的结构或格式没有定规。有时，资助机构或委员会已经提供了研究计划的模板，或者他们非常偏好某种具体的研究计划形式。在这种情况下，研究者在完成研究计划时需要努力满足这些偏好。我们在表 12.2 中介绍了研究提案的一般形式。

表 12.2　研究提案的一般形式

一	概述
二	研究问题
	1. 已有文献
	2. 现有研究成果的局限性
	3. 研究兴趣
三	研究目的
四	研究问题
五	研究方法和过程
	1. 质性研究特点及适用性
	2. 研究策略
	3. 研究设计
	（1）抽样
	（2）比较

（续表）

	（3）预期的参与者、案例、地点和文档数量
	4. 资料收集方法
	5. 资料分析方法
	6. 质量问题
六	伦理问题
七	预期研究结果
八	研究的独创性、相关性和实践意义
九	预研究、早期研究结果、研究者的经验
十	时间计划、预算
十一	参考文献

研究设计与以下两个方面有关：首先是表12.2有关研究设计的额外内容；其次是整个研究项目的完整性。研究主题、研究问题、研究方法、所需资源、预算、时间计划和研究伦理组合在一起，是不是一个合理的大纲、计划或研究提案？

为了使研究（以及之前的研究提案）有效，需要注意以下指导原则：

● 尽可能明确、清晰、详细地介绍研究设计和研究方法；

● 尽可能明确、清晰、详细地说明研究问题，以及研究过程和预期研究数据与研究结果之间的关系；

● 应该在学术和实践背景下说明研究的预期结果和影响；

● 应该尽可能地遵循研究伦理和程序；

● 不仅要说明如何运用研究方法，还要说明选择这一方法的原因；

● 时间计划、现有的经验和能力、研究方法和研究资源应该与一个完整的研究方案相匹配并加以明确。

尽管在提案和研究的过程中可能会遇到各种研究障碍和问题，但是如果你已经掌握了这些指导原则，并且充分了解了你所研究的问题领域，你的提案就能顺利通过，你的研究就能顺利进行。你可以从"SAGE质性研究工具箱丛书"的相关书籍中了解更多有关研究方法的信息。

本章要点

● 良好的研究设计不仅有助于撰写出色的研究提案,也有助于研究的成功;

● 因此,撰写研究提案有助于确认研究设计的合理性,也为其他人(例如评审者)审核研究计划提供了参照;

● 研究方法可以以不同方式匹配到质性研究的基本设计中;

● 不同研究方法有不同的研究设计问题。

拓展阅读

以下书籍补充说明了本书对于研究设计的观点。"SAGE 质性研究工具箱丛书"中的其他书籍详细介绍了各种研究方法。

Flick, U. (2015) *Introducing Research Methodology—A Beginner's Guide for Doing Your Research Project*, 2nd ed. London: Sage.

Marshall, C. and Rossman, G. B. (2013) *Designing Qualitative Research*, 6th ed. Thousand Oaks, CA: Sage.

Maxwell, J. A. (2013) *Qualitative Research Design—An Interactive Approach*, 3rd ed. Thousand Oaks, CA: Sage.

术语表

Action research

行动研究：一种主要功能在于能改变所研究的地点，并能激发参与者发起改变的研究方法。

Appropriateness

适用性：方法应该适合所研究的问题，从而使该问题成为参照点。

Audiences

受众：当你报告或发表你的研究时，你为之写作并想要汇报的人或机构。

Audiencing

受众性：写一篇面向特定读者群并符合其期望的文本。

Background theories

背景理论：以特定的现实和研究的概念为质性研究方法提供信息的理论。

Basic design

基本设计：在质性研究中非常典型或经常被使用，代表了许多不同类型研究（例如案例研究或纵向研究）的设计。

Categorizing

归类:为数据片段与其他片段分配一个术语或标题以实现它们的相似性,或将资料分配到不同的术语以实现它们的独特性。

Chicago School

芝加哥学派:在芝加哥大学质性研究史上非常有影响力的研究团队和研究路径,是扎根理论等方法的来源。

Codes of ethics

伦理准则:专业协会制定了研究(或干预)的良好实践规则,作为对其成员的指导。

Coding

编码:标记资料片段并将其他资料片段分配给它们(和标签)。运用在扎根理论的背景下发展概念。

Communicative validation

交流验证:通过询问参与者的共识来评估结果(或资料)。

Constructionism

建构主义:各种认识论,其中社会现实被视为建构性过程(成员的活动或他们头脑中的过程)的结果。

Continuous design

持续的设计:强调在整个研究过程中不断发展设计的研究设计方法。

Conversation analysis

会话分析:正式的语言(使用)研究(对话如何开始或结束,如何从一个说话者转向另一个说话者)。

Corpus

语料库:一组用于分析的材料或数据(例如用于话语分析的报纸文本语料库)。

Credibility

信度:基于长期的现场参与的质性研究评估标准。

Deception of research participants

欺骗研究对象:向参与者提供有关研究目的或他们在其中的角色的错误信息。

Discourse analysis

话语分析:研究语言在特定语境中的使用方式——例如,与通过其他方式相比,如何以这种方式描述某事物来产生特定的身份、实践、知识或意义。

Dissemination

宣传:发布结果或将结果报告给参与者或正在研究的场景。

Episodic interview

事件访谈:将问答顺序与(事件)叙述相结合的访谈。

Epistemology

认识论:科学中的知识和知觉理论。

Ethnography

人群志:结合了不同方法,并基于对所研究场景的参与、观察和写作的研究策略。

Ethnomethodology

常人方法学:对分析人们在日常生活中用来进行交流和日常工作的方法感兴趣的理论方法。

Evaluation

评估:使用研究方法来估计和决定干预的成功。

Extended participation

长期参与:在所研究的场景停留足够长的时间,以了解该场景的流程和惯例。在人种志中用作质量标准。

External generalization

外部推广:将结论推广至超出所研究的人、领域等。

Flexible design

灵活设计:一种使研究设计适应具体场景和项目发展的方法。

Focus group

焦点小组:受邀为研究目的而讨论研究问题的小组。

Foreshadowed problems

预示问题:有时用于人群志而不是形成研究问题。研究人员将在该场景识别和研究什么问题?

Formative theory

形式理论:一种(在扎根理论研究中)涉及多个领域的、更一般的理论。

Gatekeeper

守门人:正式或非正式地管理某一研究领域(如医疗系统)的准入

的人。

Generalization

推广：将研究结论迁移到不属于该研究情境的其他情境和人群中。

Grounded theory

扎根理论：从分析经验材料或研究场景或过程发展而来的理论。

Hard-to-reach groups

难以接触的群体：很少参与研究或利用社会和其他服务的人。

Indication

指示：对于何时（在何种条件下）应该使用某一特定方法（或方法组合）的决定。

Informed consent

知情同意书：研究的参与者被告知他们将被研究，并有机会对是否参与研究说"不"。

Inquiry

调查：另一个表示研究的词。

Institutional review boards

制度审查委员会：审查研究提案在多大程度上符合道德准则和标准的委员会。

Internal generalization

内部推广：将研究结论或解释推广到整个研究中的案例。

Interview training

访谈培训：通过角色扮演模拟一组观察者的访谈，然后分析访谈者的非语言行为、问题的使用、与受访者的关系和一般错误。

Iterative design

迭代设计：根据在该领域的经历逐步完成研究设计的一种方法。

Longitudinal study

纵向研究：在该种研究设计中，研究人员在一段时间后反复返回现场，与参与者再进行多次访谈，以分析发展和变化。

Member check

成员检验：通过询问参与者以达成共识来评估结果（或数据）。

Milgram experiment

米尔格拉姆实验：在这种实验中，人们被带入一个（模拟）情境，在这种情境中，他们按照实验者的指示伤害他人。

Mixed methodologies

混合方法：一种在相当实用的层面上结合质性和量化方法的方法。

Multi-sited ethnography

多点人群志：人群志被应用于多个研究场景，目的是比较这些场景。

Narrative interview

叙事访谈：参与者被要求从整体上讲述他们的生活（或他们的疾病）的故事，而不会被采访者的问题打断。

Naturalistic approach

自然主义方法：一种进入人们的生活世界，并在他们的"自然"环境中研究他们的方法。

Negative case

反例：不适合或不支持某一模型或其他形式的调查结果的一个案例（或更一般地说，经验材料）。

New public health

新公共卫生：在卫生系统中以疾病的预防及其社会环境为导向。

Objectivity

客观性：研究情境（方法的应用及其结果）独立于个体研究人员的程度。

Operating costs

运行成本：进行质性项目（技术设备、材料消耗等）时所需要承担的非常基础的成本。

Paradigmatic core(of qualitative research)

（质性研究的）范式核心：在"质性研究"标签下所总结的不同方法和研究方案的共同特征。

Participant observation

参与式观察：研究人员成为所研究场景的成员以进行观察。

Participatory research

参与式研究：被研究的人不仅是研究的"对象"，而且还积极地参与研究，甚至计划研究。

Phenomenology

现象学：对意识的仔细描述和分析，关注主体的生活世界。

Positivism

实证主义：以资料观察为基础的科学哲学。对资料的观察应与对其含义的解释分开。真相是通过遵循一般的方法规则来发现的，在很大程度上独立于调查的内容和背景。

Probe

追问：在面试中再次深入询问。

Reliability

可靠性：标准化/量化研究中的标准之一，例如通过重复测试并评估两种情况下的结果是否相同来衡量。

Representativeness

代表性：或者以统计方式理解：样本在特征分布（年龄、性别、就业等）方面是否代表了总体？或者在理论上：研究及其结果是否涵盖了问题的有关理论的方面？

Research design

研究设计：一个研究项目的系统计划，包括谁参与研究（抽样），在哪些维度比较谁与比较什么，等等。

Research diary

研究日志：研究人员不断记录他们在实地接触中，或在准备研究的过程中，或资料分析期间的印象和所发生的事情。

Research perspectives

研究视角：质性研究的主要路径，其下总结了各种方法。

Research programme

研究方案：一种不仅包括方法，还包括诸如现实的概念、总体策略、特定传统等的研究方式。

Research proposal

研究提案：为申请资助或在博士或硕士项目中制定的研究计划。

Research question

研究问题：你想要明确探究什么？

Rigour

严谨性：在应用方法或进行分析时的前后一致性的程度。

Sampling

抽样：从更大的总体或各种可能性中为研究选择案例或材料。

Shortcut strategies

捷径型策略：在进行应用型研究的情况下，使用特定方法的务实方式，这些方法可能难以在其完整的研究过程中使用（例如，在质性评估的背景下）。

Site

地点：研究一般过程或问题的特定领域，例如机构、社区、地区等。

Social representations

社会表征：描述社会群体关于科学发现或其他问题的知识的概念。

Standardization

标准化：通过定义和界定尽可能多的必要或可能的特征来控制研究情境。

Standards for qualitative research

质性研究标准：所定义的适用于任何形式的质性研究的最低质量要求或通用程序。

Strategic sampling

策略性抽样：在人群志研究中选择案例和例子的更直接的方法。

Substantive theory

实质理论：（在扎根理论研究中）涉及某一领域的更具体的理论。

Symbolic interactionism

符号互动主义：质性研究中的一种背景理论，它假设人们根据对象的含义及其解释来行动和互动。

Theoretical sampling

理论抽样：扎根理论研究中的抽样程序，根据案例、群体或材料与所发展的理论的相关性，在收集和分析一定数量的案例后，在已经了解的背景下，对案例、群体或材料进行抽样。

Transcription

转录：将记录的材料（对话、采访、视觉材料等）转换为文本以进行分析。

Transparent/transparency

透明度：使研究的读者能够理解研究如何具体进行的程度。

Triangulation

三角互证：结合不同的方法、理论、资料和/或研究人员去研究同一个问题。

Tuskegee Syphilis Study

塔斯基吉梅毒研究：该实验中，一群感染梅毒的人既没有被告知他们的疾病，也没有接受任何治疗，以研究这种疾病的未受影响过程。

Validity

效度：标准化/量化研究中的标准之一，例如通过寻找混合影响（内部有效性）或超出当前研究情况的可迁移性（外部有效性）进行分析。

Vulnerable groups

弱势群体：处于某种特定情况（社会歧视、风险、疾病）的人群，在研究他们时需要特别敏感。

参考文献

Angrosino, M. (2007) *Doing Ethnographic and Observational Research* (Book 3 of *The SAGE Qualitative Research Kit*, 1st ed.). London: Sage.

Annells, M. (2006) 'Triangulation of qualitative approaches: hermeneutical phenomenology and grounded theory', *Journal of Advanced Nursing*, 56 (1): 55–61.

AoIR (2012) 'Ethical decision-making and internet research: recommendations from the AoIR Ethics Working Committee' (Version 2.0, 08/2012). http://aoir.org/ethics [accessed 28 November 2016].

Banks, M. (2018) *Using Visual Data in Qualitative Research* (Book 5 of *The SAGE Qualitative Research Kit*, 2nd ed.). London: Sage.

Bannister, P., Burman, E., Parker, I., Taylor, M. and Tindall, C. (1994) *Qualitative Methods in Psychology – A Practical Guide*. Buckingham: Open University Press.

Barbour, R. (2018) *Doing Focus Groups* (Book 4 of *The SAGE Qualitative Research Kit*, 2nd ed.). London: Sage.

Becker, H.S. (1967) 'Whose side are we on?', *Social Problems*, 14: 239–47.

Becker, H.S., Geer, B., Hughes, E.C. and Strauss, A.L. (1961) *Boys in White: Student Culture in Medical School*. Chicago: University of Chicago Press.

Berger, P.L. and Luckmann, T. (1966) *The Social Construction of Reality*. Garden City, NY: Doubleday.

Boellstorff, T., Nardi, B., Pearce, C. and Taylor, T.L. (2012) *Ethnography and Virtual Worlds: A Handbook of Method*. Princeton: Princeton University Press.

Brinkmann, S. and Kvale, S. (2015) *InterViews*, 2nd ed. London: Sage.

Brinkmann, S. and Kvale, S. (2018) *Doing Interviews* (Book 2 of *The SAGE Qualitative Research Kit*, 2nd ed.). London: Sage.

Bryman, A. (1992) 'Quantitative and qualitative research: further reflections on their integration', in J. Brannen (ed.), *Mixing Methods: Quantitative and Qualitative Research*. Aldershot: Avebury, pp. 57–80.

Bryman, A. (2004) *Social Research Methods*, 2nd ed. Oxford: Oxford University Press.

Bryman, A. (2006) 'Integrating quantitative and qualitative research: how is it done?', *Qualitative Research*, 6: 97–113.

Bryman, A. (2007) 'The research question in social research: what is its role?', *International Journal of Social Research Methodology*, 10 (1): 5–20.

Burawoy, M. (1988) 'The extended case method', *Theoretical Sociology*, 16 (1): 4–33.

Burawoy, M., Blum, J.A., George, S., Gille, Z., Gowan, T., Haney, L., Klawiter, M., Lopez, S.H., O'Riain, S. and Thayer, A.M. (2000) *Global Ethnography: Forces, Connections and Imaginations in a Postmodern World*. Berkeley, CA: University of California Press.

Charmaz, K. (1997) 'Identity dilemmas of chronically ill men', in A. Strauss and J. Corbin (eds), *Grounded Theory in Practice*. London: Sage, pp. 35–62.

Charmaz, K. (2014) *Constructing Grounded Theory – A Practical Guide through Qualitative Analysis*, 2nd ed. Thousand Oaks, CA: Sage.

Christians, C.G. (2011) 'Ethics and politics in qualitative research', in N. Denzin and Y.S. Lincoln (eds), *The SAGE Handbook of Qualitative Research*, 4th ed. Thousand Oaks, CA: Sage, pp. 61–80.

Clifford, J. and Marcus, G.E. (eds) (1986) *Writing Culture: The Poetics and Politics of Ethnography*. Berkeley, CA: University of California Press.

Coffey, A. (2014) 'Analyzing documents', in U. Flick (ed.), *The SAGE Handbook of Qualitative Data Analysis*. London: Sage, pp. 367–79.

Coffey, A. (2018) *Doing Ethnography* (Book 3 of *The SAGE Qualitative Research Kit*, 2nd ed.). London: Sage.

Corbin, J. and Strauss, A. (1990) 'Grounded theory research: procedures, canons and evaluative criteria', *Qualitative Sociology*, 13: 3–21.

Creswell, J.W. (2012) *Research Design – Qualitative, Quantitative and Mixed Methods Approaches*, 3rd ed. Thousand Oaks, CA: Sage.

Creswell, J.W. (2013) *Qualitative Inquiry and Research Design – Choosing among Five Traditions*, 2nd ed. Thousand Oaks, CA: Sage.

Crossley, M. (2003) '"Would you consider yourself a healthy person?" Using focus groups to explore health as a moral phenomenon', *Journal of Health Psychology*, 8 (5): 501–14.

Denzin, N.K. (1989) *The Research Act*, 3rd ed. Englewood Cliffs, NJ: Prentice-Hall.

Denzin, N.K. (2004) 'Reading film: using photos and video as social science material', in U. Flick, E. von Kardorff and I. Steinke (eds), *A Companion to Qualitative Research*. London: Sage, pp. 234–47.

Denzin, N. and Lincoln, Y.S. (eds) (1994) *Handbook of Qualitative Research*. London: Sage.

Denzin, N. and Lincoln, Y.S. (2005) 'Introduction: the discipline and practice of qualitative research', in N. Denzin and Y.S. Lincoln (eds), *The SAGE Handbook of Qualitative Research*, 3rd ed. Thousand Oaks, CA: Sage, pp. 1–329.

Denzin, N. and Lincoln, Y.S. (2011a) 'Introduction: the discipline and practice of qualitative research', in N. Denzin and Y.S. Lincoln (eds), *The SAGE Handbook of Qualitative Research*, 4th ed. Thousand Oaks, CA: Sage, pp. 1–20.

Denzin, N. and Lincoln, Y.S. (eds) (2011b) *The SAGE Handbook of Qualitative Research*, 4th ed. Thousands Oaks, CA: Sage.

Denzin, N. and Lincoln, Y.S. (2011c) 'Preface', in N. Denzin and Y.S. Lincoln (eds), *The SAGE Handbook of Qualitative Research*, 4th ed. Thousand Oaks, CA: Sage, pp. ix–xvi.

Dunne, C. (2011) 'The place of the literature review in grounded theory research', *International Journal of Social Research Methodology*, 14 (2): 111–24.

Edwards, R. (1998) 'A critical examination of the use of interpreters in the qualitative research process', *Journal of Ethnic and Migration Studies*, 24 (1): 197–208.

Edwards, R. and Temple, B. (2002) 'Interpreters/translators and cross-language research: reflexivity and border crossings', *International Journal of Qualitative Methods*, 1 (2): Article 1. www.ualberta.ca/~iiqm/backissues/1_2Final/pdf/temple.pdf.

Fielding, N. (2018) 'Combining digital and physical data', in U. Flick (ed.), *The SAGE Handbook of Qualitative Data Collection*. London: Sage.

Fleck, C. (2004) 'Marie Jahoda', in U. Flick, E. von Kardorff and I. Steinke (eds), *A Companion to Qualitative Research*. London: Sage, pp. 58–62.

Flick, U. (ed.) (1998a) *Psychology of the Social: Representations in Knowledge and Language*. Cambridge: Cambridge University Press.

Flick, U. (1998b) 'The social construction of individual and public health: contributions of social representations theory to a social science of health', *Social Science Information*, 37: 639–62.

Flick, U. (2000a) 'Qualitative inquiries into social representations of health', *Journal of Health Psychology*, 5: 3–18.

Flick, U. (2000b) 'Episodic interviewing', in M. Bauer and G. Gaskell (eds), *Qualitative Researching with Text, Image and Sound: A Handbook*. London: Sage, pp. 75–92.

Flick, U. (ed.) (2002) *Innovation durch New Public Health*. Göttingen: Hogrefe.

Flick, U. (2004a) 'Design and process in qualitative research', in U. Flick, E. von Kardorff and I. Steinke (eds), *A Companion to Qualitative Research*. London: Sage, pp. 146–52.

Flick, U. (2004b) 'Constructivism', in U. Flick, E. von Kardorff and I. Steinke (eds), *A Companion to Qualitative Research*. London: Sage, pp. 88–94.

Flick, U. (2014a) *An Introduction to Qualitative Research*, 5th ed. London: Sage.

Flick, U. (ed.) (2014b) 'Special issue: challenges for qualitative inquiry as a global endeavor', *Qualitative Inquiry*, 20: 1059–127.

Flick, U. (ed.) (2014c) *The SAGE Handbook of Qualitative Data Analysis*. London: Sage.

Flick, U. (2015) *Introducing Research Methodology – A Beginner's Guide for Doing Your Research Project*, 2nd ed. London: Sage.

Flick, U. (2018a) *Managing Quality in Qualitative Research* (Book 10 of *The SAGE Qualitative Research Kit*, 2nd ed.). London: Sage.

Flick, U. (2018b) *Doing Triangulation and Mixed Methods* (Book 9 of *The SAGE Qualitative Research Kit*, 2nd ed.). London: Sage.

Flick, U. (2018c) *Doing Grounded Theory* (Book 8 of *The SAGE Qualitative Research Kit*, 2nd ed.). London: Sage.

Flick, U. (ed.) (2018d) *The SAGE Handbook of Qualitative Data Collection*. London: Sage.

Flick, U. (2018e) 'Triangulation', in N.K. Denzin and Y.S. Lincoln (eds), *The SAGE Handbook of Qualitative Research*, 5th ed. London: Sage.

Flick, U. (2018f) 'From intuition to reflexive construction: research design and triangulation in grounded theory research', in T. Bryant and K. Charmaz (eds), *The SAGE Handbook of Grounded Theory*, 2nd ed. London: Sage.

Flick, U. and Foster, J. (2017) 'Social representations', in C. Willig and W. Stainton-Rogers (eds), *The SAGE Handbook of Qualitative Research in Psychology*, 2nd ed. London: Sage, pp. 338–55.

Flick, U. and Röhnsch, G. (2007) 'Idealism and neglect: health concept of homeless adolescents', *Journal of Health Psychology*, 12 (5): 737–50.

Flick, U. and Röhnsch, G. (2014) 'Migrating diseases: triangulating approaches – applying qualitative inquiry as a global endeavor', *Qualitative Inquiry*, 20: 1096–109.

Flick, U., von Kardorff, E. and Steinke, I. (eds) (2004a) *A Companion to Qualitative Research*. London: Sage.

Flick, U., von Kardorff, E. and Steinke, I. (2004b) 'What is qualitative research – introduction and overview', in U. Flick, E. von Kardorff and I. Steinke (eds), *A Companion to Qualitative Research*. London: Sage, pp. 3–12.

Flick, U., Fischer, C., Walter, U. and Schwartz F.W. (2002) 'Social representations of health held by health professionals – the case of general practitioners and home care nurses', *Social Science Information*, 41 (4): 581–602.

Flick, U., Fischer, C., Neuber, A., Walter, U. and Schwartz, F.W. (2003) 'Health in the context of being old – representations held by health professionals', *Journal of Health Psychology*, 8 (5): 539–56.

Flick, U., Hans, B., Hirseland, A., Rasche, S. and Röhnsch, G. (2017) 'Migration, unemployment, and lifeworld: challenges for a new critical qualitative inquiry in migration', *Qualitative Inquiry*, 23: 77–88.

Frank, A.W. (1995) *Wounded Storyteller: Body, Illness, and Ethics*. Chicago: University of Chicago Press.

Gergen, K.J. (1999) *An Invitation to Social Construction*. London: Sage.

Gibbs, G.R. (2018) *Analyzing Qualitative Data* (Book 6 of *The SAGE Qualitative Research Kit*, 2nd ed.). London: Sage.

Glaser, B.G. (1969) 'The constant comparative method of qualitative analysis', in G.J. McCall and J.L. Simmons (eds), *Issues in Participant Observation*. Reading, MA: Addison-Wesley, pp. 216–228.

Glaser, B.G. (1992) *Basics of Grounded Theory Analysis: Emergence vs. Forcing*. Mill Valley, CA: Sociology Press.

Glaser, B.G. and Strauss, A.L. (1965) *Awareness of Dying*. Chicago: Aldine.

Glaser, B.G. and Strauss, A.L. (1967) *The Discovery of Grounded Theory: Strategies for Qualitative Research*. New York: Aldine.

Goffman, E. (1959) *The Presentation of Self in Everyday Life*. New York: Doubleday.

Hammersley, M. (1995) *The Politics of Social Research*. London: Sage.

Hammersley, M. (1996) 'The relationship between qualitative and quantitative research: paradigm loyalty versus methodological eclecticism', in J.T.E. Richardson (ed.), *Handbook of Qualitative Research Methods for Psychology and the Social Sciences*. Leicester: BPS Books, pp. 159–74.

Hammersley, M. and Atkinson, P. (1995) *Ethnography: Principles in Practice*, 2nd ed. London: Routledge.

Hewson, C., Yule, P., Laurent, D. and Vogel, C. (2016) *Internet Research Methods: A Practical Guide for the Social and Behavioural Sciences*, 2nd ed. London: Sage.

Hine, C. (2000) *Virtual Ethnography*. London: Sage.

Hine, C. (2009) 'How can qualitative Internet researchers define the boundaries of their projects?', in A. Markham and N. Baym (eds), *Internet Inquiry: Conversations about Method*. Los Angeles: Sage, pp. 1–20.

Hitzler, R. and Eberle, T.S. (2004) 'Phenomenological analysis of lifeworlds', in U. Flick, E. von Kardorff and I. Steinke (eds), *A Companion to Qualitative Research*. London: Sage, pp. 67–71.

Hochschild, A.R. (1983) *The Managed Heart*. Berkeley, CA: University of California Press.

Hopf, C. (2004) 'Research ethics and qualitative research: an overview', in U. Flick, E. von Kardorff and I. Steinke (eds), *A Companion to Qualitative Research*. London: Sage, pp. 334–9.

Hsiung, P.-C. (2012) 'The globalization of qualitative research: challenging Anglo-American domination and local hegemonic discourse', *Forum Qualitative Sozialforschung/Forum: Qualitative Social Research*, 13 (1): article 21. www.qualitative-research.net/index.php/fqs/article/view/1710.

Humphreys, L. (1975) *Tearoom Trade: Impersonal Sex in Public Places*, enlarged ed. New York: Aldine.

Jahoda, M. (1995) 'Jahoda, M., Lazarsfeld, P. and Zeisel, H.: "Die Arbeitslosen von Marienthal"', in U. Flick, E. von Kardorff, H. Keupp, L. von Rosenstiel and S. Wolff (eds), *Handbuch Qualitative Sozialforschung*, 2nd ed. Munich: Psychologie Verlags Union, pp. 119–22.

Jahoda, M., Lazarsfeld, P.F. and Zeisel, H. (1933/1971) *Marienthal: The Sociology of an Unemployed Community*. Chicago: Aldine-Atherton.

Kelle, U. (2014) 'Theorization from data', in U. Flick (ed.), *The SAGE Handbook of Qualitative Data Analysis*. London: Sage, pp. 554–68.

Kelle, U. and Erzberger, C. (2004) 'Quantitative and qualitative methods: no confrontation', in U. Flick, E. von Kardorff and I. Steinke (eds), *A Companion to Qualitative Research*. London: Sage, pp. 172–7.

Knoblauch, H., Flick, U. and Maeder, C. (eds) (2005) 'Special issue: the state of the art of qualitative research in Europe', *Forum Qualitative Social Research – FQS*, 6 (3). www.qualitative-research.net/index.php/fqs/issue/view/1.

Knorr-Cetina, K. (1981) *The Manufacture of Knowledge: An Essay on the Constructivist and Contextual Nature of Science*. Oxford: Pergamon Press.

Kusenbach, M. (2018) 'Go-alongs', in U. Flick (ed.), *The SAGE Handbook of Qualitative Data Collection*. London: Sage.

Latour, B. (2007) *Reassembling the Social: An Introduction to Actor-Network-Theory*. Oxford: Oxford University Press.

LeCompte, M. and Schensul, J. (1999) *Designing and Conducting Ethnographic Research*. Thousand Oaks, CA: AltaMira Press.

Lincoln, Y.S. and Guba, E.G. (1985) *Naturalistic Inquiry*. London: Sage.

Lindgren, S. (2018) 'The concept of 'data' in digital research', in U. Flick (ed.), *The SAGE Handbook of Qualitative Data Collection*. London: Sage.

Littig, B. and Pöchhacker, F. (2014) 'Socio-translational collaboration in qualitative inquiry: the case of expert interviews', *Qualitative Inquiry*, 20: 1085–95.

Lofland, J. (1976) *Doing Social Life: The Qualitative Study of Human Interaction in Natural Settings*. New York: Wiley.

Lüders, C. (1995) 'Von der Teilnehmenden Beobachtung zur ethnographischen Beschreibung – Ein Literaturbericht', in E. König and P. Zedler (eds), *Bilanz qualitativer Forschung*, Vol. l. Weinheim: Deutscher Studienverlag, pp. 311–42.

Lüders, C. (2004a) 'The challenges of qualitative research', in U. Flick, E. von Kardorff and I. Steinke (eds), *A Companion to Qualitative Research*. London: Sage, pp. 359–64.

Lüders, C. (2004b) 'Field observation and ethnography', in U. Flick, E. von Kardorff and I. Steinke (eds), *A Companion to Qualitative Research*. London: Sage, pp. 222–30.

Lüders, C. and Reichertz, J. (1986) 'Wissenschaftliche Praxis ist wenn ales funktioniert und keiner weiß warum: Bemerkungen zur Entwicklung quatitativer Sozialforschung', *Sozialwissenschaftliche Literaturrundschau*, 12: 90–102.

Malinowski, B. (1922) *Argonauts of the Western Pacific*. London: Routledge & Keegan Paul.

Marcus, G. (1995) 'Ethnography in/of the world system: the emergence of multi-sited ethnography', *Annual Review of Anthropology*, 24: 95–117.

Markham, A.N. (2004) 'The Internet as research context', in C. Seale, G. Gobo, J. Gubrium and D. Silverman (eds), *Qualitative Research Practice*. London: Sage, pp. 358–74.

Markham, A.N. (2009) 'How can qualitative researchers produce work that is meaningful across time, space, and culture?', in A.N. Markham and N.K. Baym (eds), *Internet Inquiry: Conversations about Method*. Thousand Oaks, CA: Sage, pp. 131–55.

Markham, A. (2018a) 'Ethnography in the digital Internet era: From fields to flows, descriptions to interventions', in N.K. Denzin and Y.S. Lincoln (eds), *The SAGE Handbook of Qualitative Research*, 5th ed. London: Sage, pp. 650–68.

Markham, A. (2018b) 'Troubling the concept of data in qualitative digital research', in U. Flick (ed.), *The SAGE Handbook of Qualitative Data Collection*. London: Sage.

Markham, A. and Gammelby, A.K.L. (2018) 'Moving through digital flows: An epistemological and practical approach', in U. Flick (ed.), *The SAGE Handbook of Qualitative Data Collection*. London: Sage.

Markham, A. and Stavrova, S. (2016) 'Internet/digital research', in D. Silverman (ed.), *Qualitative Research*, 3rd ed. London: Sage, pp. 229–44.

Marshall, C. and Rossman, G.B. (2015) *Designing Qualitative Research*, 6th ed. Thousand Oaks, CA: Sage.

Maxwell, J.A. (2013) *Qualitative Research Design – An Interactive Approach*, 3rd ed. Thousand Oaks, CA: Sage.

Maxwell, J.A. and Chmiel, M. (2014) 'Generalizing in and from qualitative analysis', in U. Flick (ed.), *The SAGE Handbook of Qualitative Data Analysis*. London: Sage, pp. 540–53.

Merkens, H. (2004) 'Selection procedures, sampling, case construction', in U. Flick, E. von Kardorff and I. Steinke (eds), *A Companion to Qualitative Research*. London: Sage, pp. 165–71.

Mertens, D.M. (2014) 'Ethical use of qualitative data and findings', in U. Flick (ed.), *The SAGE Handbook of Qualitative Data Analysis*. London: Sage, pp. 510–23.

Mertens, D.M (2018) 'Ethics of qualitative data collection', in U. Flick (ed.), *The SAGE Handbook of Qualitative Data Collection*, London: Sage.

Mertens, D.M. and Ginsberg, P. (eds) (2009) *Handbook of Social Research Ethics*. Thousand Oaks, CA: Sage.

Miles, M.B. and Huberman, AM. (1994) *Qualitative Data Analysis: A Sourcebook of New Methods*, 2nd ed. Newbury Park, CA: Sage.

Morgan, D. and Hoffman, K. (2018) 'Focus groups', in U. Flick (ed.), *The SAGE Handbook of Qualitative Data Collection*. London: Sage.

Morse, J.M. (1998) 'Designing funded qualitative research', in N. Denzin and Y.S. Lincoln (eds), *Strategies of Qualitative Research*. London: Sage, pp. 56–85.

Morse, J.M. (2007) 'Sampling in grounded theory', in A. Bryant and K. Charmaz (eds), *The SAGE Handbook of Grounded Theory*. London: Sage, pp. 229–44.

Moscovici, S. (1973) 'Foreword', in C. Herzlich, *Health and Illness: A Social Psychological Analysis*. London: Academic Press, pp. ix–xiv.

Moscovici, S. (1998) 'The history and actuality of social representations', in U. Flick (ed.), *The Psychology of the Social*. Cambridge: Cambridge University Press, pp. 209–47.

Oakley, A. (1999) 'People's ways of knowing: gender and methodology', in S. Hood, B. Mayall and S. Olivier (eds), *Critical Issues in Social Research: Power and Prejudice*. Buckingham: Open University Press, pp. 154–70.

Parsons, T. and Shils, E.A. (1951) *Towards a General Theory of Action*. Harvard, MA: Harvard University Press.

Patton, M.Q. (2015) *Qualitative Evaluation and Research Methods*, 4th ed. London: Sage.

Pink, S., Horst, H., Postill, J., Hjorth L., Lewis, T. and Tacchi, J. (2016) *Digital Ethnography – Principles and Practice*. London: Sage.

Puchta, C. and Potter, J. (2004) *Focus Group Practice*. London: Sage.

Punch, M. (1994) 'Politics and ethics in qualitative research', in N. Denzin and Y.S. Lincoln (eds), *Handbook of Qualitative Research*. Thousand Oaks, CA: Sage, pp. 83–97.

Ragin, C.C. (1994) *Constructing Social Research*. Thousand Oaks, CA: Pine Forge Press.

Ragin, C.C. and Becker, H.S. (eds) (1992) *What Is a Case? Exploring the Foundations of Social Inquiry*. Cambridge: Cambridge University Press.

Rapley, T. (2014) 'Sampling strategies in qualitative research', in U. Flick (ed.), *The SAGE Handbook of Qualitative Data Analysis*. London: Sage, pp. 49–63.

Rapley, T. (2018) *Doing Conversation, Discourse and Document Analysis* (Book 7 of *The SAGE Qualitative Research Kit*, 2nd ed.). London: Sage.

Rosenthal, G. and Fischer-Rosenthal, W. (2004) 'The analysis of biographical-narrative interviews', in U. Flick, E. von Kardorff and I. Steinke (eds), *A Companion to Qualitative Research*. London: Sage, pp. 259–65.

Rubin, H.J. and Rubin, I.S. (1995) *Qualitative Interviewing*. Thousand Oaks, CA: Sage.

Rubin, H.J. and Rubin, I.S. (2012) *Qualitative Interviewing*, 3rd ed. Thousand Oaks, CA: Sage.

Salmons, J. (2016) *Doing Qualitative Research Online*. London: Sage.

Sandelowski, M. and Leeman, J. (2012) 'Writing usable qualitative health research findings', *Qualitative Health Research*, 22 (10): 1404–13.

Schütz, A. (1962) *Collected Papers*, Vols I and II. Den Haag: Nijhoff.

Schwartz, F.W. (ed.) (2003) *Das Public Health Buch*, 2nd ed. Munich: Urban & Fischer.

Seale, C. (1999) *The Quality of Qualitative Research*. London: Sage.

Seale, C., Gobo, G., Gubrium, J. and Silverman, D. (eds) (2004) *Qualitative Research Practice*. London: Sage.

Silverman, D. (2015) *Interpreting Qualitative Data*, 5th ed. London: Sage.

Smith, J.A. (ed.) (2016) *Qualitative Psychology: A Practical Guide to Research Methods*, 3rd ed. London: Sage.

Strauss, A.L. (1987) *Qualitative Analysis for Social Scientists*. Cambridge: Cambridge University Press.

Tashakkori, A. and Teddlie, C. (eds) (2003a) *Handbook of Mixed Methods in Social and Behavioral Research*. Thousand Oaks, CA: Sage.

Tashakkori, A. and Teddlie, C. (2003b) 'Major issues and controversies in the use of mixed methods in social and behavioral research', in A. Tashakkori and C. Teddlie (eds), *Handbook of Mixed Methods in Social and Behavioral Research*. Thousand Oaks, CA: Sage, pp. 3–50.

Tashakkori, A. and Teddlie, C. (eds) (2010) *Handbook of Mixed Methods in Social and Behavioral Research*, 2nd ed. Thousand Oaks, CA: Sage.

Taylor, T.L. (2009) 'The assemblage of play', *Games and Culture*, 4 (4): 331–9.

ten Have, P. (1999) *Doing Conversation Analysis: A Practical Guide*. London: Sage.

Thomson, R., Plumridge, L. and Holland, J. (eds) (2003) 'Special issue: longitudinal qualitative research', *International Journal of Social Research Methodology – Theory and Practice*, 6 (3).

Thornberg, R. and Charmaz, K. (2014) 'Grounded theory and theoretical coding', in U. Flick (ed.), *The SAGE Handbook of Qualitative Data Analysis*. London: Sage, pp. 153–69.

Tiidenberg, K. (2018) 'Ethics in digital research', in U. Flick (ed.), *The SAGE Handbook of Qualitative Data Collection*. London: Sage.

van Maanen, J. (1988) *Tales of the Field: On Writing Ethnography*. Chicago: University of Chicago Press.

von Glasersfeld, E. (1995) *Radical Constructivism: A Way of Knowing and Learning*. London: Falmer Press.

Vidich, A.J. and Lyman, S.M. (2000) 'Qualitative methods: their history in sociology and anthropology', in N.K. Denzin and Y.S. Lincoln (eds), *Handbook of Qualitative Research*, 2nd ed. Thousand Oaks, CA: Sage, pp. 37–84.

Weiss, R.S. (1994) *Learning from Strangers: The Art and Method of Qualitative Interview Studies*. New York: Free Press.

Wilkinson, S. (1998) 'Focus group methodology: a review', *International Journal of Social Research Methodology*, 1 (3): 181–203.

Willig, C. and Stainton-Rogers, W. (eds) (2017) *The SAGE Handbook of Qualitative Research in Psychology*, 2nd ed. London: Sage.

Wilson, H.S. and Hutchinson, S.A. (1991) 'Triangulation of methods: Heideggerian hermeneutics and grounded theory', *Qualitative Health Research*, 1: 263–76.

Wolff, S. (2004) 'Ways into the field and their variants', in U. Flick, E. von Kardorff and I. Steinke (eds), *A Companion to Qualitative Research*. London: Sage, pp. 195–202.

图书在版编目(CIP)数据

质性研究设计:第二版/(德)伍威·弗里克著;
范杰译.—上海:格致出版社:上海人民出版社,
2022.7
(格致方法.质性研究方法译丛)
ISBN 978 - 7 - 5432 - 3309 - 6

Ⅰ.①质… Ⅱ.①伍… ②范… Ⅲ.①社会科学-研
究方法 Ⅳ.①C3

中国版本图书馆 CIP 数据核字(2021)第 244531 号

责任编辑 裴乾坤 王 萌
装帧设计 路 静

格致方法·质性研究方法译丛

质性研究设计(第二版)

[德]伍威·弗里克 著
范 杰 译
林小英 校

出 版 格致出版社
上海人民出版社
(201101 上海市闵行区号景路 159 弄 C 座)
发 行 上海人民出版社发行中心
印 刷 浙江临安曙光印务有限公司
开 本 635×965 1/16
印 张 11.75
插 页 2
字 数 164,000
版 次 2022 年 7 月第 1 版
印 次 2022 年 7 月第 1 次印刷
ISBN 978 - 7 - 5432 - 3309 - 6/C·261
定 价 52.00 元